La convergence en Zone Franc

5-7, rue de l'Ecole polytechnique, 75005 Paris

http://www.librairieharmattan.com
diffusion.harmattan@wanadoo.fr
harmattan1@wanadoo.fr

ISBN : 978-2-296-10136-4
EAN : 9782296101364

Jean-Pierre FOUDA OWOUNDI

La convergence en Zone Franc

Analyse et évaluation

L'Harmattan

SOMMAIRE

REMERCIEMENTS

Cet ouvrage, comme tout travail scientifique, a bénéficié de nombreuses contributions, sans lesquels il n'aurait pas vu le jour.

Son intuition nous a été donnée à l'occasion d'un entretien que nous avons eu avec le Professeur ONDO OSSA Albert de l'Université Omar Bongo de Libreville au Gabon.

Le Professeur Jean-Paul POLLIN de l'Université d'Orléans nous a fait des observations qui ont été d'une grande utilité.

Le Professeur BERTHOMIEU de l'Université de Nice nous a encouragés à extraire du manuscrit un article.

Il est difficile d'estimer le soutien dont nous avons bénéficié pendant de nombreuses années de la part de l'Université de Yaoundé II, notre institution de rattachement, de ses dirigeants et surtout des collègues.

Dans l'impossibilité de citer nommément les uns et les autres, nous tenons à leur exprimer notre gratitude et à leur faire entendre la voix de nos remerciements.

Toutefois, les choix qui ont été faits dans cet ouvrage tout comme les opinions qui y sont exprimées ne sauraient les engager de quelque manière que ce soit.

AVANT-PROPOS

Cet ouvrage sur la convergence en zone Franc s'inscrit dans le cadre d'un programme de recherches que nous menons depuis de nombreuses années sur l'analyse économique des pays en développement, et spécialement des pays africains de la zone Franc, programme qui a donné lieu à de nombreux travaux.

Cette zone monétaire se caractérise aujourd'hui par de nombreux paradoxes : la surliquidité des banques et le rationnement du crédit ; l'absence de véritables innovations financières après les réformes de libéralisation financière, les contraintes budgétaires, etc.

L'ouvrage traite de ce dernier paradoxe, qui est considéré comme tel en raison de l'encadrement d'un instrument de politique économique précieux. Celui-ci est, à l'évidence, censé donner aux pouvoirs publics des possibilités d'intervention pour relancer leurs économies, qui sont actuellement en proie à l'aggravation de la pauvreté. Il en est de même pour les changements structurels qui s'imposent à ces économies, en vue d'une meilleure insertion dans l'économie mondiale contemporaine.

INTRODUCTION

La convergence des politiques économiques est un enjeu majeur de la construction et du maintien d'une union monétaire. Cette exigence est bien illustrée par l'Union économique européenne, qui applique aux pays membres des critères de convergence depuis la signature du traité de Maastricht en 1991 et qui a mis en place un Pacte de stabilité au sommet de Dublin en 1996, afin de garantir l'homogénéité des économies et empêcher le développement de comportements de type passager clandestin. Fondée sur l'analyse de MUNDELL [1961][1], l'union monétaire européenne a été conçue comme une zone monétaire optimale, laquelle se caractérise par le fait que les différents facteurs de production peuvent se déplacer au sein de l'union de manière à absorber les effets de tout choc asymétrique la touchant. Si la convergence des politiques économiques permettant une telle mobilité et une homogénéisation économique pouvait facilement se justifier dans ce cas, elle n'est pas jusqu'aujourd'hui loin d'être un mystère pour les pays de la zone Franc. En effet, comparée à l'union européenne, cette zone est une union monétaire ancienne, qui a fonctionné pendant un demi-siècle avec de manière générale des politiques économiques divergentes, et en particulier de celles budgétaires. A cet égard, cela donne l'occasion de s'interroger sur la pertinence de la convergence des politiques économiques dans cette zone ; tout comme on peut s'interroger sur les résultats réalisés pour vérifier si ceux-ci ont conduit à de bien meilleures performances sur le plan économique. Conduire cette réflexion nécessite non seulement de rappeler préalablement les caractéristiques de la zone Franc, mais surtout de préciser la problématique de cet ouvrage et son intérêt.

SECTION 1
LA ZONE FRANC : UNE UNION MONETAIRE ANCIENNE

Le parcours de la genèse et des mécanismes de la zone Franc montre qu'il s'agit d'une union monétaire ancienne, faite à la fois d'unité et de diversité.

---

[1] MUNDELL [1961], "A theory of optimum currency areas", *American Economic Review*, volume 51, nov. pp. 657-665.

A- GENESE ET MECANISMES

Cette union monétaire comprend sept instituts d'émission ayant chacun une monnaie distincte, au moins en ce qui concerne l'appellation ; à savoir : la Banque de France (l'Euro) ; l'Institut d'émission des départements d'outre-mer, correspondant de la Banque de France (l'Euro) ; l'institut d'émission d'outre-mer, correspondant de la Banque de France à Mayotte (l'Euro) ; l'institut d'émission d'outre-mer pour la Nouvelle-Calédonie, la Polynésie française, Wallis et Futuna (le Franc de la communauté française du Pacifique – FCFP); la Banque Centrale des Comores (le Franc comorien – FC). A ces instituts s'ajoutent la Banque Centrale des Etats de l'Afrique de l'ouest (BCEAO) et la Banque des Etats de l'Afrique Centrale (BEAC). La BEAC émet une monnaie unique, le Franc de la coopération financière en Afrique – FCFA, dans six états africains (Cameroun, Centrafrique, Congo, Gabon, Tchad et Guinée Equatoriale[1]). La BCEAO émet de même une monnaie unique mais distincte par l'appellation : le Franc de la communauté financière africaine – FCFA, et ce dans huit Etats (Bénin, Burkina-Faso, Côte d'Ivoire, Mali, Niger, Sénégal, Togo et Guinée Bissau[2]).

A la suite des accords intervenus en 1972-1973 avec la France et entre les Etats africains, ces Etats ont affirmé leur volonté de poursuivre la coopération monétaire, non seulement avec la France mais également entre eux. C'est pourquoi les deux banques centrales sont gérées par les représentants de l'ensemble des Etats, ainsi que par les représentants de la France qui siègent dans les Conseils d'Administration. On justifie leur présence par le fait que la France garantit la convertibilité en euros des francs CFA[3]. Ceux-ci sont convertibles en devises par l'intermédiaire du marché de change de Paris, sur la base d'une parité fixe actuellement fixée à 1 euro = 655,957 FCFA. En outre, le Trésor français fournit les euros nécessaires aux besoins de transfert, notamment pour les paiements en devises à effectuer hors de la zone, ainsi que pour le financement compensatoire concernant les transactions à l'intérieur de la zone. Pour cela, chacune des banques centrales dispose d'un compte dit

[1] Il s'agit d'une ancienne colonie espagnole qui a fait son entrée dans la zone en 1985.

[2] Ce pays a fait son entrée dans la zone en 1997.

[3] P. GUILLAUMONT et S. GUILLAUMONT-JEANNENEY [1993], « L'intégration économique : un nouvel enjeu pour la zone franc », *Revue d'économie du développement,* n°2, p. 89.

d'opérations, ouvert par le Trésor public français sur ses livres. Ces comptes d'opérations peuvent devenir débiteurs sans limite fixée à priori. Mais les statuts des banques centrales prévoient des clauses de sauvegarde, précisant les instruments de la politique monétaire et les règles de base de leur application. Il est reconnu à la politique monétaire d'assurer l'équilibre à moyen terme des balances des paiements à travers le contrôle de la création monétaire, la garantie française devant permettre de faire face à des déséquilibres transitoires liés aux chocs extérieurs. C'est ainsi que les nouveaux statuts de la BEAC par exemple réaffirment en leur article 18 que les avances de la banque centrale aux Trésors publics, y compris le montant total des opérations sur effets publics, ne peuvent dépasser 20 % des recettes budgétaires ordinaires fongibles d'origine fiscale constatées au cours de l'exercice écoulé[1]. En outre, le refinancement des crédits à l'économie s'opère à des taux identiques dans tous les Etats. Il est quantitativement limité et dépend de la position du compte d'opérations. Les mécanismes de la zone reposent aussi sur le principe de libre transfert des capitaux en son sein, ainsi que sur la mise en commun des réserves de change, lesquelles doivent faire l'objet d'un dépôt auprès du Trésor Français à hauteur d'au moins 50 %[2].

L'histoire de la zone remonte à 1939. Mais bien avant cette période, il existait déjà une communauté financière française et africaine, prenant sa source dans le *système de l'exclusif*, lui-même issu de la doctrine mercantiliste de Colbert au XVIIe siècle. Selon cette doctrine, le commerce entre la France et ses colonies devait être conçu comme un simple *commerce d'échange, c'est-à-dire un troc de marchandises [...] et non un commerce en espèces monnayées*[3]. C'est ainsi que l'entrée des espèces monétaires dans les colonies était limitée et contrôlée, de sorte que la circulation monétaire était déterminée de façon arbitraire. La communauté financière était en outre une émanation des pouvoirs publics français. L'ordonnance du 15 juin 1825 concernant le Sénégal stipule que *l'usage de la monnaie de compte dite argent colonial est interdit dans les textes administratifs, judiciaires et commerciaux*[4]. Cette interdiction

---

[1] Cette disposition est en voie d'être modifiée.

[2] Cette fraction était de 65 % au moins, elle est passée en 2007 à 50 %.

[3] D'après J. MAZARD [1953], *Histoire monétaire et numismatique des colonies et de l'Union française 1670-1952*. Paris : E. Bourgey. p. 5.

[4] Citée par F. BLOCH-LAINE et al. [1956], *La Zone Franc*, Paris : PUF.

donnait aux autorités françaises la priorité de désigner la monnaie légale par excellence. A travers ce pouvoir régalien, la France entendait déjà former avec son empire colonial une *communauté financière unifiée*. Elle y est arrivée à partir de 1851, lorsque, à la suite de l'abolition de l'esclavage en 1848, les colons dans les colonies se trouvent tout à coup dépossédés de leur main-d'œuvre servile, et que le travail devenu libre et salarié pose le problème monétaire[1]. C'est ainsi que la France a décidé, par les lois du 11 juillet 1851, de la création de banques et instituts d'émission coloniaux, pour que l'émission de billets de banque soit directement effectuée dans les colonies. Les banques d'Algérie, de la Martinique, de la Réunion et de la Guadeloupe ont alors été créées. D'autres instituts d'émission, le plus souvent des banques privées, ont suivi, comme la Banque du Sénégal (1853), la Banque de Guyane (1854), la Banque de Nouvelle Calédonie (1874), les Banques d'Indochine et de Madagascar (1875).

Mais ces banques, qui étaient privilégiées en matière d'émission monétaire, n'avaient pas vraiment les attributs des banques centrales, au sens où on les définit aujourd'hui[2]. Celles-ci restaient essentiellement commerciales, elles faisaient uniquement des avances de monnaie divisionnaire et fiduciaire contre des *actifs en nature*. En effet, la Banque de France n'avait pas l'intention de mener une politique monétaire audacieuse dans les colonies, allant au-delà du simple financement d'activités commerciales et industrielles. On comprend alors le sens des propos de SEMEDO et VILLIEU quand ils écrivent : « *en Afrique, la quantité de signes monétaires était fatalement restreinte, contraignant parfois à un paiement groupé des créanciers africains et générant des ponctions difficilement supportables de numéraire lors du règlement de l'impôt, pour lequel au demeurant l'Etat français n'avait pas créé de signes spécifiques* »[3]. En outre, et en vertu de la doctrine de l'exclusif, l'Etat français percevait à travers les instituts d'émission la monnaie en

---

[1] En Martinique par exemple, on estima à 4,5 millions de francs les sommes nécessaires au règlement des salaires En Martinique par exemple, on estima à 4,5 millions de francs les sommes nécessaires au règlement des salaires (d'après P. MAZARD [1953], op. cit., p. 69.)

[2] Voir par exemple D. FLOUZAT [1999], « Le concept de banque centrale », *Revue d'économie financière*, n°5.

[3] G. SEMEDO et P. VILLIEU [1997], *La Zone Franc (mécanismes et perspectives macroéconomiques).* Paris : Ellipcy. P. 13.

circulation dans les colonies comme *un substitut puissant au troc*. En 1901, la Banque du Sénégal a été remplacée par la Banque de l'Afrique Occidentale (B.A.O.), l'ancêtre de la Banque Internationale de l'Afrique Occidentale (B.I.A.O.). A la suite du traité de Versailles[1], la France autorisa la B.A.O., par le décret du 17 décembre 1919, à étendre son privilège d'émission à l'Afrique Equatoriale. Les missions qui lui étaient confiées étaient : - d'apporter un soutien aux dépenses dans les colonies, en pratiquant des avances sans intérêts débiteurs aux budgets locaux destinés à l'agriculture, aux mines et aux dépenses de santé ; - d'octroyer des facilités sous forme d'escompte aux caisses de crédit agricole ; - de garantir la libre convertibilité de « la monnaie africaine » tout en limitant les coûts de transaction.

Puis, en 1922 et 1925, la France décida aussi de donner une autonomie, respectivement au Maroc et à Madagascar. C'est à ce moment que vont naître les premiers *comptes d'opérations*, qui permettront à l'empire colonial d'avoir une cohésion monétaire. Ensuite, avec le boom que connaissent les colonies entre 1925 et 1929, les autorités françaises sont amenées à y consentir d'importants efforts d'équipement. En même temps, elles commencent à s'affranchir de la conception de la monnaie comme substitut du troc, car les colonies sont désormais perçues non seulement comme pourvoyeuses de produits bruts, mais également comme des débouchés pour les exportations françaises. Cette évolution va conduire à la recherche d'une plus grande synergie entre les mécanismes financiers et commerciaux. Mais en raison du traumatisme lié à l'inflation dans la métropole et de la dévaluation du Franc sous Raymond POINCARE, la Banque de France restera prudente dans ses engagements en Afrique. En effet, la création monétaire était restée administrée, l'expansion du crédit bloquée dans un contexte d'absence d'un marché de capitaux dynamique en métropole. Comme le soulignent certains, *on était en plein paradoxe : rigueur monétaire versus financement du développement*.

Mais avec la crise de 1929 et le retour au protectionnisme, cette prudence sera atténuée. En effet, la France va chercher à consolider les liens commerciaux privilégiés qu'elle entretenait avec ses colonies. C'est ainsi qu'elle a délimité un espace géographique à l'intérieur duquel les

---

[1] Celui-ci place le Cameroun et le Togo sous mandat français et britannique dès le 7 mai 1919.

monnaies devaient être convertibles et qui devait faire l'objet de règles de protection communes vis-à-vis de l'extérieur. L'instauration d'une zone d'échanges privilégiés, destinée à protéger à la fois les débouchés extérieurs et les approvisionnements de la France, s'est traduite sur le plan monétaire par l'instauration du contrôle des changes. Il a ainsi été créé, en 1939 notamment, un Office des changes. Celui-ci était chargé de diriger, de façon conjointe, avec l'Office National du Commerce Extérieur, les importations et les exportations de cette zone géographique, tant en termes de marchandises que de devises. Alors que l'Office chargé du commerce extérieur avait pour rôle d'autoriser les importations ou les exportations, l'Office des changes devait quant à lui livrer des autorisations pour en assurer le règlement ou l'encaissement du produit. Il devait en fait encaisser toutes les devises. En outre, il était interdit de négocier de l'or, de l'importer ou de l'exporter, sauf autorisation spéciale de la Banque de France. Quant au contrôle de change, il devait permettre de délimiter une zone protégée destinée à assurer une défense commune des balances des paiements et des monnaies, contre les déséquilibres structurels occasionnés par l'économie de guerre.

Il convient aussi de noter qu'à partir du 28 août 1939, une seule monnaie servait d'instrument de paiement dans tout l'empire français, à l'exception de l'Indochine, du Liban et du comptoir de Pondichéry. En outre, à la veille de la seconde guerre mondiale, l'expérience des comptes d'opérations s'est généralisée, avec la mise en commun des avoirs extérieurs. En ce qui concerne les pays africains sous l'égide de la BAO, ils ont été placés sous la tutelle du Trésor français.

Par ailleurs, la seconde guerre mondiale a conduit les autorités françaises à redéfinir le privilège d'émission dans différents départements et territoires d'Outre mer. C'est ainsi que fut créée en 1941 la Caisse Centrale de la France Libre. Celle-ci a reçu le privilège d'émission exercé en Afrique Equatoriale Française (AEF) et au Cameroun par la BAO. Elle a ensuite été transformée en février 1944 en Caisse Centrale de la France d'Outre-mer. Son privilège d'émission a été étendu dès le mois de mai à la Martinique, la Guadeloupe, la Guyane et la Réunion.

Mais fait important, durant la guerre la hausse des prix a été plus rapide en France que dans le reste de l'empire colonial, ce qui a provoqué une dévaluation du Franc Français (FF) le 26 décembre 1945. Cette situation a conduit à la création de Francs coloniaux : le Franc CFA (Franc des colonies françaises d'Afrique) et le Franc CFP (Franc des colonies françaises du Pacifique). La parité déclarée par la France au FMI était 1 dollar US = 119,50 FF, et 1 Franc CFA = 1, 70 FF. Le 17 octobre 1948, le Franc français a été à nouveau dévalué, ce qui conduit à une modification de la parité du Franc CFA, soit 1 Franc CFA = 2,00 FF. Avec l'instauration d'un nouveau Franc français en 1958, le Franc CFA deviendra «Franc de la communauté française d'Afrique». Il gardera sa parité de 1948 jusqu'à la dévaluation du 10 janvier 1994, dévaluation qui l'a établie à 1 Franc CFA = 0,02 FF ou 1 Franc CFA = 1/655, 957 euro[1].

Par ailleurs, à la libération, les prérogatives de la Caisse Centrale de la France d'Outre-mer[2] ont été étendues à la promotion du développement industriel. Dans cette perspective, le Fonds Industriel de Développement Economique et Social (FIDES) a été créé comme tremplin de financement. Ce Fonds devait puiser ses ressources d'une dotation budgétaire annuelle à la charge de la métropole (55 %) et des colonies, territoires et départements d'outre-mer (45 %). Il relevait comme la Caisse Centrale de la tutelle du Ministère des Finances. Mais les valeurs réelles des budgets coloniaux gérés par ces deux organismes ont été laminées par les dévaluations successives du Franc français, de sorte qu'en 1951 on a été obligé de créer un Comité technique de coordination, pour superviser les politiques monétaires potentielles. Ledit Comité ne commencera à fonctionner de manière effective qu'en 1955, année au cours de laquelle il a été transformé en Comité Monétaire de la zone Franc, instance devant exercer une tutelle sur les instituts d'émission. C'est également en 1951 qu'une loi du 24 mai autorisera l'ouverture d'un compte de compensation permettant la convertibilité des monnaies circulant dans la zone Franc. A partir de 1953, la mission de financement du développement confiée au FIDES et à la Caisse Centrale commence à marquer ses limites et la situation financière des territoires devient difficile. On est contraint de recourir à des subventions d'équilibre budgétaire auprès de la métropole. Malheureusement le

---

[1] Cette écriture est mathématiquement juste mais économiquement incorrecte, car le Franc CFA est défini à l'incertain (cotation à l'incertain) et se définit plutôt à travers la relation 1 euro = 655,957 FCFA.

[2] C'est cet organisme qui deviendra plus tard la Caisse Centrale de Coopération.

montant de ces subventions va s'accroître rapidement[1], la charge étant assurée en grande partie par les avances de la Caisse Centrale, effectuées dans le cadre des mesures d'encouragement aux investisseurs privés (mise en commun des réserves de change et de métal précieux dans un fonds de stabilisation des changes, règles communes de régulation et de traitement douanier des flux commerciaux et financiers). Dans les années 60, ces mesures vont être maintenues pour les pays africains candidats à l'indépendance[2] et désireux de sortir de la zone, comme le Liban (1948), la Syrie (1949), le Laos, le Vietnam et le Cambodge (1954), le Maroc (1956), la Guinée (1958), la Tunisie et le Mali (1962), la Mauritanie (1963), l'Algérie (1965), etc. En revanche, pour les pays ayant décidé de maintenir des liens particuliers en matière monétaire avec la France, il sera créé en 1959 la Banque Centrale des Etats de l'Afrique Equatoriale et du Cameroun (BCEAC), qui deviendra en 1972-1973 la Banque des Etats de l'Afrique Centrale (BEAC). Il sera également créé la Banque Centrale des Etats de l'Afrique de l'Ouest (BCEAO). Ces deux banques centrales constituent aujourd'hui les piliers de la Zone Franc.

Née d'une volonté protectionniste de la France, dans un contexte de déflation généralisé, la zone Franc résulte en définitive d'une structuration monétaire et commerciale de son empire. Elle repose donc, comme le note A. SAMUELSON [1990][3], sur une discipline en matière de politique monétaire et se fonde sur la coordination des politiques monétaires et financières.

B- DIVERSITE ET UNITE DES ECONOMIES

Selon la classification du Fonds Monétaire International (FMI)[4], les pays de la zone ne sont ni des *économies avancées* (celles dont les PIB sont les plus importants), ni des *économies en transition*, mais

---

[1] Entre 1947 et 1955, les ressources du FIDES s'élevaient à 319 milliards de francs.

[2] Certains pays reviendront à leurs options idéologiques, et vont réintégrer la zone, comme la Guinée qui est revenue dans la zone en 1967, cinq ans après son départ, après avoir créé le Franc Malien et qui a finalement disparu en 1984. On trouvera des détails chez B. LOOVOET [1996], « Le Franc guinéen : une monnaie forte ? », *Economies et sociétés*, Relations économiques internationales, série P, n° 33 (i), pp. 129 - 152.

[3] Cf. A. SAMUELSON [1990], *Economie Monétaire Internationale*, 5e éd. Paris : éditions Dalloz.

[4] Cf. FMI [2001], *Perspectives de l'économie mondiale octobre 2001 (La révolution des technologies de l'information)*. Washington : Library of Congres.

simplement des *pays en développement.* Mais leurs économies présentent malgré leur diversité une unité.

1- La diversité des économies

Leur diversité est liée à la géographie physique et humaine, qui est elle-même caractérisée par d'importantes différences culturelles et religieuses. Le Cameroun par exemple est composé de plus d'une centaine d'ethnies de religions variées. Son accès direct à la mer contrairement à un pays comme le Tchad lui donne d'importants avantages en matière de coûts de transport. A cela s'ajoute le fait que certains pays sont exportateurs de combustibles, alors que d'autres sont exportateurs d'autres produits et notamment les produits primaires, ou des deux types de produits à la fois.

2- L'unité des économies

Mais cette diversité ne signifie nullement absence de traits communs. En effet, ce sont de petites économies ouvertes, leur part dans le commerce international est faible et ne peut pas déterminer le volume des échanges internationaux. En outre, ils sont dans l'ensemble débiteurs nets de financements publics. Bien au-delà de cela, ils ont en partage trois grands traits : l'incertitude des revenus d'exportations, la forte limitation en matière d'instruments de politique économique, et la *sous-optimalité* du système financier. Si l'on considère par exemple le tableau 1, qui présente la structure du PIB des Etats membres de la CEMAC en termes de secteurs économiques. On remarque que pour le Congo et le Gabon, le secteur secondaire reste déterminant, en raison notamment de la production de pétrole. Par contre, pour le Cameroun et la RCA, la création de richesses résulte davantage du secteur primaire ; alors que l'économie de la Guinée Equatoriale connaît une mutation majeure : elle devient essentiellement productrice de pétrole, avec un secteur secondaire sans cesse grandissant, car celui-ci est passé de 29 % à 89,5 % du PIB entre 1994 et 2002.

Mais globalement, il apparaît que la production repose essentiellement sur des produits primaires et des combustibles, qui constituent la base des exportations. Malheureusement les revenus issus de ces exportations se caractérisent par une très grande variabilité. Celle-ci est illustrée par l'évolution de l'indice des termes de l'échange ou de sa variation en pourcentage (tableau 2). L'exemple du Cameroun une fois de plus montre cette très grande volatilité, avec un indice des termes de l'échange qui est passé de 18,2 % à -19,2 %, puis à 19,1 %, pour se retrouver à -33,6 %, entre 1994 et 1997.

Tableau 1- Structure du PIB des pays de la CEMAC en % des secteurs primaire (P), secondaire (S) et tertiaire (t)

	CAMEROUN			CONGO			GABON			GUINEE EQ.			RCA			TCHAD		
	P	S	T	P	S	T	P	S	T	P	S	T	P	S	T	P	S	T
1994	30,2	27,5	40	10,3	45,7	41,1	9,6	52,1	34,7	47,1	29	18,8	42,8	21	31,5	37,2	11,7	49,4
1995	31,6	27	39	10,5	44,9	40,4	8,5	51,9	34,9	52,6	26,8	15,7	44,1	20,1	29,5	34,9	13,8	47,9
1996	32	25,9	39,3	9	51,8	34,8	7,5	55	31,4	37,8	47,8	11,2	48,8	18,3	28,2	36,9	13,6	45,8
1997	31,7	26,9	38,4	9,1	56,9	31,8	7,7	53,2	32,2	23,7	67,4	5,8	49,1	16,7	29,6	37,2	14,4	44,4
1998	31,8	25,9	39,2	11	46,1	38,6	7,6	42,5	40,9	21,3	68,9	7,8	49,1	16,2	27,9	37,6	14,1	44,2
1999	32,5	24,6	39,9	8,4	61,3	27,9	8,1	48,1	37,6	16	76,8	5,7	49,5	16,6	27,6	35,9	14,1	45,6
2000	29	29	39,1	5,3	72,2	20,2	7	55,9	30,1	8,1	86,8	3,6	50,6	15,6	25,5	36,3	13,5	46,1
2001	27,3	30	39,6	5,8	65,5	25	6,9	51,2		5,5	89,4	3,4	51,6	14,6	28,9	40,9	13	42,4
2002	27,3	29,4	40,2	6,3	63,3	27	6,7	51,3		4,3	90,2	4	51,9	12,7	28,9	37,8	14,5	43,8
2003	27	29,1	40,8	6,4	61,5	29	6,4	51,8		3,9	90,1	4,2	55,3	11,1	29,1	34,2	22	40,2
2004	26,7	29,3	41,1	6,4	61,5	28,9	5,7	56,6		2,6	93,3	2,9	55,6	10,9	29,1	22	49	26,4

Source : BEAC, Service de programmation monétaire

Tableau 2- Variation en % de l'indice des termes de l'échange

PAYS	1994	1995	1996	1997	1998	1999	2000	2001	2002	2003	2004
Cameroun	18,2	-19,6	19,1	-33,6	-1,3	79,3	33,8	-20,1	2,8	-9,8	1,9
Congo	-10,1	14,6	10,3	-13,2	-7,9	6,1	80,3	-6,4	0,3	14,6	4,7
Gabon	-9,6	-0,2	17,9	-3,6	-29,4	42,9	52,1	-14,9	3	2,2	15,2
Guinée	-5,7	9	-2,9	-26,9	-38,4	36,1	50,2	-10,4	2	1,3	15,3
R.C.A.	7,7	7,7	-16,9	5,7	-3,9	0	-12,8	64	-18,2	4,9	-9,5
Tchad	-11	37,8	9,2	-2,7	1,5	-16,1	2,6	25,2	-10	7,5	0,8

Source : BEAC, service de programmation monétaire

En ce qui concerne la possibilité d'utiliser les instruments de politique économique, et notamment la politique monétaire et la politique budgétaire, celle-ci reste faible, en raison des dispositions de la convention de coopération monétaire signé en 1972-1973 d'une part entre les Etats Africains, et d'autre part entre ceux-ci et la France. Cette convention soumet ces Etats à une même discipline monétaire et se caractérise par une centralisation de la politique monétaire, ainsi que par sa détermination par la situation du compte d'opérations. Les statuts des banques centrales prévoient en effet une réduction des montants de refinancement maximum lorsque le compte d'opérations est débiteur pendant trois mois consécutifs. Cette réduction s'exerce également si le rapport entre le montant moyen des avoirs extérieurs d'une banque centrale et le montant moyen de ses engagements à vue est demeuré, au cours de trois mois consécutifs, égal ou inférieur à 20 %. Dans l'un ou l'autre cas, les réductions sont dans le cas de la BEAC : de 20 % dans les pays dont la situation fait apparaître une position débitrice en compte d'opérations ; de 10 % dans les pays dont la situation fait apparaître une position créditrice en compte d'opérations, d'un montant inférieur à 15 % de la circulation fiduciaire rapportée à cette même situation.

Si l'objectif visé par la centralisation et le mécanisme de détermination de la politique monétaire par la position du compte d'opérations est la défense de la valeur de la monnaie, il convient de noter qu'il en résulte pour les pouvoirs publics une forte externatilé : la perte d'un instrument de politique conjoncturelle. Ceci se traduit par le fait que la politique monétaire ne peut pas être utilisée par les pouvoirs publics en fonction de la situation économique. La parité étant fixe, la politique de change est en outre inexistante[1]. La banque centrale n'ayant pas d'interventions à faire sur le marché des changes, ses actions sont essentiellement guidées par le niveau des réserves extérieures des Etats, tel qu'il est reflété par la position du compte d'opérations. Par ailleurs, les dispositions relatives aux avances de la banque centrale aux trésors publics nationaux ont été maintenues[2] par les nouveaux statuts de la BEAC. Selon l'article 38, *le montant total des avances en compte courant consenties aux Etats membres par la Banque, ajouté au montant total des opérations sur effets publics mobilisés au guichet de l'institut*

---

[1] En termes par exemple de maniement du taux de change comme instrument de régulation conjoncturelle des économies, compte tenu des accords de coopération monétaire avec la France, et en vertu desquels la parité du franc CFA par rapport à l'euro est fixe.

[2] Il est vrai cependant qu'avec le processus de libéralisation financière des mesures visant la suppression du financement monétaire des Trésors publics sont en cours. La BEAC a entrepris depuis le 14 décembre 2004 de procéder au gel du plafond d'avance et de le réduire progressivement de manière à remplacer les plafonds d'avance aux trésors nationaux par l'émission de bons et d'obligations du Trésor.

d'émission par les établissements de crédit, ne peut dépasser 20% des recettes budgétaires ordinaires fongibles d'origine nationale constatées au cours de l'exercice écoulé.

S'agissant de ce qui peut être désigné par *sous-optimalité du système financier*, celle-ci correspond à une absence d'efficacité tant *allocative* que *productive*[1] de ce dernier. La notion d'*efficacité allocative* fait référence aux travaux de J. G. GURLEY et E. S. SHAW [1960], notamment lorsque ceux-ci parlent d'obstacles financiers à la croissance réelle et des techniques de distribution mises en œuvre par les intermédiaires. Selon eux, un système financier efficace est celui qui offre *un éventail d'actifs financiers qui stimuleraient l'épargne, un éventail de marchés financiers qui affecteraient l'épargne à l'investissement selon les règles de la concurrence*[2]. Cela signifie en d'autres termes que l'efficacité du système financier est liée à sa capacité à faire monter les niveaux d'épargne, de l'investissement et à répartir l'épargne rare de manière optimale entre différentes possibilités d'investissement[3]. Or, partant de cet enseignement, l'on peut faire au moins deux constats en zone Franc.

Le premier est que la part des crédits à court terme, ou crédits de financement de l'exploitation des entreprises, y est plus forte que celle des crédits à moyen ou à long terme. Pourtant cette dernière catégorie de crédit est techniquement destinée à l'investissement. Malheureusement elle est presque nulle, dans un contexte où les marchés financiers susceptibles de prendre le relais en matière de financement ne sont pas encore suffisamment opérationnels. Dans la CEMAC, la part des crédits à court terme dans le total des crédits à l'économie est passée de 77,6 % à 80,10 % entre 1974 et 1990, et a atteint en moyenne 72,6 % dans la période de 1974 à 1995[4]. Il convient d'ailleurs de noter que ces crédits

---

1 Nous empruntons ici le langage Y. AKYÜZ. Cf. Yilmaz AKYÜZ [1994], “Libéralisation financière : mythes et réalités”, *Revue Tiers -Monde*, t. XXXV, n° 139, juillet-septembre. pp. 521-555.

2 Cf. J. G. GURLEY et E. S. SHAW [1960], *Money in a theory of finance*. Brookings, Washington. Traduction française : *La monnaie dans une théorie des actifs financiers*. Paris : cujas, 1973. P. 218

3 Op. cit. pp. 50-51.

4 On pourra trouver d'autres statistiques chez FOUDA OWOUNDI [2002], *Secteur financier et financement de l'investissement au Cameroun*, in : Ministère de l'Economie

bénéficient d'un refinancement privilégié de la part de la banque centrale, car leur pourcentage de refinancement est passé de 71,6 % à 74,10 % entre 1974 et 1990, alors que la moyenne de refinancement des crédits à moyen terme se situait à 37,16 %.

Le deuxième constat est quant à lui l'existence d'un déséquilibre global entre l'épargne nationale disponible et l'investissement global, qui est elle-même le signe d'une *inefficacité allocative* du système financier. Comme le montre le tableau 3, ce déséquilibre se traduit par des soldes de comptes courants négatifs, lesquels engendrent des entrées de capitaux et constituent une source d'endettement extérieur pour les Etats.

A cette inefficacité allocative s'ajoute une inefficacité productive, c'est-à-dire une incapacité à fournir les capitaux au moindre coût possible. On sait que les banques prélèvent, au titre des services d'intermédiation, une marge permettant de couvrir leurs coûts opératoires (frais généraux, amortissements et provisions) et de dégager un profit destiné à la rémunération des capitaux propres. Le coût des crédits qu'elles distribuent est donc la somme du coût des ressources collectées et du coût d'intermédiation (différence entre les intérêts perçus et les intérêts versés aux clients). Partant de certaines analyses[1], on observe que le système financier en zone Franc ne parvient pas à réduire le coût d'intermédiation. Non seulement l'accès au crédit est difficile, mais son coût demeure très élevé. Le taux effectif global se situe autour de 25%, et il reste rigide à la baisse depuis la libéralisation financière[2] survenue au début des années 90.

---

et des Finances, *Etude sur les sources et stratégies de croissance pour la réduction de la pauvreté au Cameroun*, (réalisée avec l'appui du PNUD et de la Banque mondiale dans le cadre de l'élaboration du document de stratégie du gouvernement)

[1] Cf. J. P. FOUDA OWOUNDI [2005], *Tarification Bancaire et Transition au Régime de Concurrence : une Application à la Zone Franc,* in : B. BEKOLO-EBE, TOUNA MAMA et S. M. FOUDA (éds), *Mondialisation, Exclusion et Développement : Stratégies des Acteurs Publics et Privés.* Paris : Montchrestien

[2] Notons que la rigidité à la baisse des taux débiteurs bancaires a parfois été expliquée par le fait que, pendant de longues années, le secteur bancaire est resté en marge de la logique concurrentielle, adoptant un comportement d'entente ou de cartel. Mais depuis l'avènement de la libéralisation, d'autres explications ont été avancées et notamment avec les asymétries d'information. Ceci a été particulièrement bien présenté par STIGLITZ et WEISS. Cf. J., STIGLITZ et A., WEISS [1981], « Credit rationing in markets with imperfect information », *American Economic Review,* vol. 71, n° 3, juin.

Tableau 3- Epargne nationale disponible (END), investissement global (IG) et Solde du compte courant (SCC) en % du PIB

	Désignations	1994	1995	1996	1997	1998	1999	2000	2001	2002	2004
Cameroun	END	-	14,9	14,5	17,7	16,4	16,4	22,7	23,9	23,6	23,9
	IG	-	14,3	15,8	17,8	18,9	19,7	19,8	28,9	30,1	27,1
	SCC	-	0,6	-1,3	-0,1	-2,6	-3,3	2,9	-5,0	-6,6	-3,3
Congo	END	12,7	20,7	3,3	18	37,4	28,4	44,3	34,2	32,4	40,6
	IG	55,9	50,6	29,1	24,9	49,8	38,2	25,3	35,8	26,1	26,3
	SCC	-43,2	-29,9	-25,9	-6,9	-12,4	-9,8	19	-1,6	6,3	14,3
Gabon	END	33,5	32,8	35,5	41,9	25,8	33,3	42,6	39,4	35,9	32,9
	IG	21,6	23,3	19,6	31,9	39	24,9	21,9	28,8	30,5	26,2
	SCC	12	9,5	15,8	10,1	-13,2	8,4	20,7	10,7	5,4	6,7
Guinée Eq.	END	41,2	36,8	23,6	46,1	19	8,1	-0,4	27,0	21,5	22,4
	IG	55,8	79,5	113,9	73,1	110,6	78,4	61	69,9	30,3	57,3
	SCC	-14,6	-42,7	-90,3	-27	-91,6	-70,3	-61,5	-42,9	-8,8	-34,9
RCA	END	11,8	11,1	2,3	6,8	7,5	11,8	10,1	7,0	6,4	3,6
	IG	14,8	17,8	5,1	9,2	14,3	14,4	11,3	9,0	7,9	6,0
	SCC	-3	-6,7	-2,8	-2,4	-6,8	-2,6	-1,2	-2,0	-1,6	-2,4
Tchad	END	11,2	5	15,2	6	9,7	7,4	6,6	19,0	-23,8	17,4
	IG	20,8	13,3	24,8	17,4	18	18,7	20,5	46,2	66,6	57,3
	SCC	-9,7	-8,4	-9,6	-11,4	-8,3	-11,4	-13,9	-27,2	-90,4	-39,9

Source : BEAC, service de programmation monétaire

Cette unité dans la diversité explique largement l'évolution des économies de la zone, ainsi que les orientations de politique économique qui ont été prises par les dirigeants.

SECTION 2
LA QUESTION DE LA CONVERGENCE : INTERÊT ET PROBLEMATIQUE DE L'OUVRAGE

L'intérêt et la problématique de cet ouvrage seraient difficilement perçus sans une mise en perspective préalable de cette évolution et de l'expérience de convergence des politiques économiques en zone Franc.

A- LES PROBLEMES ECONOMIQUES EN ZONE FRANC ET LA CONVERGENCE DES POLITIQUES ECONOMIQUES

Les politiques monétaires fortement anti-inflationnistes menées par la BEAC et la BCEAO entre 1974 et 1982 n'ont pas permis d'éviter l'inflation par les crédits[1] et la grave crise économique et financière qui a conduit à la dévaluation du Franc CFA en 1994. Comparées aux autres économies de l'Afrique sub-saharienne, celles de la zone Franc se sont caractérisées par des taux de croissance négatifs, ainsi que par d'importants déséquilibres financiers, aussi bien sur le plan interne que sur le plan externe (tableau 4).

Tableau 4- Evolution comparée de quelques indicateurs économiques entre les pays de la zone Franc et d'autres pays

	1975 - 1985 Moyenne	1985	1986	1987	1988	1989	1990	1991	1992	1993	1986 - 93 Moyenne
Croissance du PIB réel (Variation annuelle en %)											
Zone franc	4,6	7,3	4,0	-1,7	-0,4	1,7	-1,0	-0,2	0,1	-1,9	0,1
Autres pays	1,4	2,8	2,1	2,5	5,7	4,0	2,7	1,6	-0,5	1,5	2,5
Solde budgetaire global (en % du PIB)											
Zone franc	-5,0	-2,7	-3,9	-9,5	-8,9	-8,8	-8,0	-6,8	-6,6	-8,1	-7,6
Autres pays	-6,1	-4,5	-5,0	-5,7	-7,2	-4,1	-2,8	-5,3	-6,5	-8,2	-5,6
Solde extérieur courant Dons inclus (en % du PIB)											
Zone franc	-6,5	-1,7	-6,4	-8,9	-8,5	-7,1	-7,5	-6,5	-7,4	-6,7	-7,4
Autres pays	-1,9	0,2	-2,2	0,4	-1,8	-0,4	0,6	-0,6	-1,3	-1,2	-0,8
Dette extérieure (en % du PIB)											
Zone franc	38,2	54,2	53,8	60,6	66,0	72,4	76,8	82,9	83,5	93,5	73,7
Autres pays	25,2	41,0	55,9	62,1	56,9	59,7	57,2	56,3	52,6	55,0	57,0

(1) Afrique subsaharienne, y compris le Nigeria et l'Afrique du Sud, mais non compris Djibouti, le Liberia, la Mauritanie, la Somalie et le Soudan. Source : FMI, *Perspectives de l'économie mondiale, 2001*

---

[1] Voir par exemple les travaux de L. DIOUF [1994], *Analyse positive des décisions de politique monétaire dans le cas des systèmes africains*, Thèse de doctorat, Université de Paris I ; cité par G. SEMEDO et P. VILLIEU, op. cit., pp. 62-63. Voir dans le même sens P. GUILLAUMONT et S. GUILLAUMONT-JEANNENEY [1993], loc. cit., p. 90.

En conséquence, le PIB réel par habitant a enregistré une forte baisse dans la zone (graphique 1).

Graphique 1 - PIB par tête 1970-1999

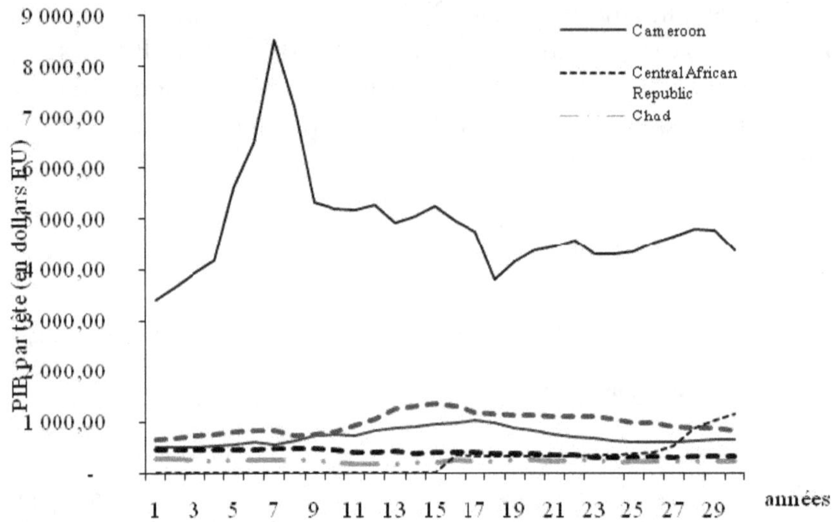

Reflet de la nature des économies, cette situation ne pouvait surprendre, car si l'on considère les déséquilibres financiers, ceux-ci étaient dus en grande partie à la nature des revenus d'exportation tout comme des recettes fiscales, qui elles-mêmes sont généralement d'une très grande volatilité. En vue de remédier d'une certaine manière à la crise, les pays de la zone ont créé des unions économique et monétaire, l'une en Afrique de l'ouest, l'Union Economique et Monétaire Ouest Africaine (UEMOA), l'autre en Afrique centrale, l'Union Economique et Monétaire d'Afrique Centrale (CEMAC). Ces unions ont implicitement pour objectif d'apporter des réponses appropriées à ces problèmes économiques et de développement. Unique ajustement monétaire depuis la naissance de la zone en 1948, la dévaluation du franc CFA a donné l'occasion de s'interroger sur l'absence de coordination des politiques économiques dans la zone en général et de celles budgétaires en particulier. Ainsi, dans le cadre des unions créées, les pays membres ont mis en place des mécanismes de surveillance multilatérale des politiques économiques, à l'image des critères de convergence instaurés par le

Traité de Maastricht en 1991, pour favoriser la construction de l'union monétaire européenne.

Si en Europe, l'enjeu initial était, comme l'affirment ARYTANIMOUNE et PLANE [2005], *l'endogénéisation d'un club d'adhérents à une nouvelle monnaie à statut international, l'éligibilité à l'Euro étant conditionné au respect de cinq critères macroéconomiques*, dans la zone Franc, la perspective était qu'il conviendrait d'avoir une monnaie unique absolument stable et renforcée pour garantir un bon fonctionnement de l'union économique. En outre, contrairement à l'expérience européenne – qui a été nourrie par les enseignements de la théorie des zones monétaires optimales telle qu'elle a été énoncée par MUNDELL [1961], les mécanismes de convergence mis en place en zone Franc répondent à la nécessité de moderniser son dispositif institutionnel, dans le but non seulement de renforcer la crédibilité de la parité du Franc CFA avec l'Euro, mais aussi d'accélérer le processus d'intégration économique et de faire face à la menace d'une marginalisation accrue de la zone dans les échanges internationaux. Par ailleurs, dans le cas de la zone Franc, la convergence des économies se trouve au cœur du dispositif permettant d'atteindre les objectifs des unions économique et monétaire, à savoir principalement l'éradication de la pauvreté, conformément aux Objectifs du Millénaire pour le Développement (OMD).

En dépit de cette spécificité, le statut de la convergence en zone Franc n'est pas sans rappeler les débats sur la nécessité de la coordination des politiques budgétaires dans une union monétaire. En effet, pour certains, les politiques budgétaires sont nécessaires pour assurer la stabilisation de l'activité à court terme, face à des chocs spécifiques auxquels ne peut répondre la banque centrale commune, puisqu'en leur absence l'ajustement se ferait par les quantités et cela provoquerait la récession et le chômage (WYPLOSZ [1991]). Faute de coordination, ces politiques peuvent produire des effets de débordement sous forme d'une concurrence entre les politiques budgétaires des différents pays membres de l'union monétaire – avec des comportements stratégiques et des dépenses publiques excessives ou insuffisantes, selon que les autorités sont préoccupées par le chômage ou la balance commerciale (VAN DER

PLOEG [1991])[1]. De telles dépenses, liées au fait que les trésors publics nationaux tentent d'exporter leur chômage (BENSAID et GAVREL [1993]), peuvent engendrer à leur tour, un développement de l'inflation et porter atteinte à la crédibilité de la politique monétaire commune de l'union (BUITER et KLETZER [1991]). Lorsque tous les partenaires agissent de cette manière, l'absence de coordination des politiques budgétaires deviendrait selon eux plus coûteuse. Mais pour d'autres, cette coordination tendrait à réduire au profit de certains membres de l'union les coûts encourus lors d'une relance de l'activité et les inciterait au laxisme monétaire et budgétaire. Elle rendrait en plus les politiques économiques peu crédibles, en raison des anticipations des agents et favoriserait la poursuite des politiques inflationnistes (ROGOFF [1985a]).

B- INTERET ET PROBLEMATIQUE DE L'OUVRAGE

En raison de ces enjeux théorique et empirique, les politiques de convergence mises en œuvre dans la zone Franc depuis environ quinze années soulèvent aujourd'hui plusieurs interrogations, la principale étant relative aux résultats réalisés par rapport aux critères de convergence fixés. Cette question elle-même renvoie à une autre, à savoir s'il y a eu dans l'affirmative des progrès économiques réels qui ont été accomplis par les pays ; en d'autres termes quel est finalement l'impact de la surveillance multilatérale sur le développement dans la zone ?

En effet, on constate que la situation économique de celle-ci n'est guère reluisante, les performances économiques sont demeurées de manière générale contrastées, ainsi qu'on peut le voir à travers l'évolution des indicateurs économiques recensés sur le tableau 5.

---

[1] Dans le cas d'une forte préoccupation pour l'emploi, l'expansion budgétaire s'opère au détriment des voisins dans un régime de changes fixes, car elle provoque une appréciation du change réel et une baisse des salaires réels par rapport à l'étranger.

Tableau 5- Evolution des indicateurs économiques dans la CEMAC

Indicateurs par pays	1994	1995	1996	1997	1998	1999	2000	2001	2002	2003	2004	2005	2006
Cameroun													
Taux de croissance réel (en %)	0,4	4,2	5,1	4,9	4,7	4,3	5,2	4,7	4	4,2	3,7	2,2	3,5
Evolution de l'Indice des prix à la consommation (moyenne annuelle)	17,7	10,4	5,3	4,8	3,6	1,9	1	4,5	2,8	0,6	0,3	1,9	5,1
Solde du compte courant extérieur (Mds FCFA)	-12,3	-42,4	-79	-72,15	-163,5	n.d.	n.d.	-462,7	-489,2	-616,6	-540,3	-347,2	-137,5
Solde budgétaire base engagements dons compris (% du PIB)	-6	-2,5	-1,4	-0,9	-1,3	0,9	3,5	2,8	3,6	3,9	2,2	4,7	27,9
Dette totale (% du PNB 1991-1998) (% du PIB 1999-2003)	114,1	125,7	113,2	109,7	120,5	66,9	95,5	86,4	80,2	70,9	57,4	42,9	n.d.
Revenu//habitant	273208	305485	326591	344531	14140	nd	nd	432999	447836	441727	460918	483014	526707
CONGO													
Taux de croissance réel (en %)	-4,8	2,6	6,4	-2,4	3,7	-3,2	7,6	3,8	4,6	0,7	3,7	7,8	6,6
Evolution de l'indice des prix à la consommation (moyenne annuelle)	42,4	9,4	7,5	16,6	-1,6	3,6	-0,3	0,4	3,8	-1,3	3,6	2,8	4,9
Solde du compte courant extérieur (Mds FCFA)	-440,6	-314,7	-291	-43,7	-142,8	-142,1	471,7	-33,1	131,9	301,8	356	366,9	81,1
Solde budgétaire base engagements dons compris (% du PIB)	-13,2	-8,3	-5	-7,6	-12,4	-2,6	1,1	-0,8	-8,1	0,4	4,5	17,9	22,6
Dette totale (% du PNB 1991-1998) (% du PIB 1999-2003)	357,4	349,7	276,2	391,5	429,9	258,5	150,7	159,8	169,1	155	154,8	99,6	n.d.
Revenu/habitant	138632	190336	161825	262814	187410	230558	438139	335772	392204	408623	409672	501161	522978

(Source : BEAC, Service de programmation monétaire)

Tableau 5 - (suite) Evolution des indicateurs économiques dans la CEMAC

Indicateurs par pays	1994	1995	1996	1997	1998	1999	2000	2001	2002	2003	2004	2005	2006
GABON													
Taux de croissance réel (en %)	3,7	5	3,6	5,5	3,5	-11,3	n.d.	2	-0,3	2,7	1,4	3	1,2
Evolution de l'indice des prix à la consommation (moyenne annuelle)	36,2	9,5	1,8	4,1	2,3	-0,7	0,5	2,1	0,2	2,3	0,4	-0,2	4
Solde du compte courant extérieur (Mds FCFA)	206,9	46,8	320,1	305,7	-348,5	240,7	712,7	358,5	236,3	334,9	489	667,9	867,8
Solde budgétaire base engagements dons compris (% du PIB)	-1,6	3,2	3,7	1,6	-14	-0,2	11,8	4	2,1	7,2	7,5	9,3	9
Dette totale (% du PNB 1991-1998) (% du PIB 1999-2003)	113	102,8	87,5	90	108,8	80,9	77,9	74,5	72,7	61,3	56,6	44,3	n.d.
Revenu/habitant	1623186	1572870	1912236	2018376	1622900	1793090	2070770	1969394	1973917	2069098	2144448	2321248	2601664

(Source : BEAC, Service de programmation monétaire)

Malgré la stabilité du cadre macroéconomique, les réformes entreprises après la crise n'ont pas produit des résultats satisfaisants, spécialement en matière de croissance et de réduction de la pauvreté. Les pays ont enregistré des taux de croissance réels globalement positifs (5,5 % en 2005 contre 3,3 % en 2006 pour l'ensemble de la CEMAC), ainsi qu'une sensible amélioration du cadre macroéconomique. Mais les études les plus récentes s'accordent à dire que cela est allé de pair avec un faible niveau de développement humain, se traduisant, selon AVOM et CARMIGNAGNI [2008] par *un niveau anormalement élevé de la pauvreté et un approfondissement des inégalités*. Selon les mêmes auteurs, *la distance moyenne entre revenus pauvres et seuil de pauvreté est en augmentation constante*. Au Cameroun, seul pays de la sous-région d'Afrique centrale à avoir stabilisé le taux de pauvreté autour de 40 % entre 2001 et 2007, l'indice de développement humain n'a pas enregistré de progrès significatif : 0,514 en 1990 et 0,506 en 2004, contre 0,628 et 0,722 pour le Cap Vert, 0,657 et 0,76 pour la Tunisie. Cette évolution se comprend, puisque la zone est aujourd'hui marquée par le chômage, dont le taux demeure très élevé, d'environ 20 % au Congo et 25 % au Gabon. Il semble que du point de vue de la politique macroéconomique, seule la promotion d'une *forme de croissance pro-pauvres* situerait les pays de la zone dans un scénario favorable à la réduction de la pauvreté.

Par ailleurs, les travaux visant à apporter directement ou indirectement des éléments de réponse aux questions posées plus haut sont loin d'être exhaustifs et suffisants. Pour l'UEMOA par exemple, BAMBA N'GALADIO et DIOMANDE [2001] ont étudié la convergence et ont constaté que la convergence nominale ne s'accompagnait pas d'une convergence des structures économiques des pays membres. ARY TANIMOUNE et PLANE [2004] ont quant à eux effectué le point sur l'état de la convergence nominale sur la période de 1994 à 2002, et ont mis en évidence une *évolution globalement favorable* mais insuffisante pour l'entrée dans la phase de stabilité prévue en 2006. Dans le prolongement de ces travaux, ils ont évalué les performances macroéconomiques des pays de l'UEMOA avant et après l'instauration de la surveillance multilatérale et ont montré que *si convergence il y a eu*, celle-ci aurait plus procédé aux effets de la dévaluation du Franc CFA qu'aux vertus du dispositif du Pacte de convergence et de stabilité (ARY… [2005]). En ce qui concerne la CEMAC, AVOM [2007] a montré que l'expérience de la surveillance multilatérale trouve bien une justification, malheureusement elle fait face à de nombreux obstacles. BEN OMAR NDYAYE [2008] dans la même perspective a effectué une évaluation comparée de la convergence en UEMOA et dans la CEMAC de 1980 à 2000. S'il a observé une tendance à la convergence vers les valeurs cibles dans l'une comme dans l'autre union, c'est dans le cas de la CEMAC qu'il a constaté que de meilleures performances sont réalisées.

L'ambition de cet ouvrage est donc d'approfondir la réflexion sur ces questions, notamment par une évaluation empirique de la pratique de la convergence des politiques en zone Franc et une mise en évidence des problèmes liés à cette expérience. A cet effet, nous proposons dans la première partie de l'ouvrage une lecture des enjeux théoriques et des fondements de la convergence en zone Franc, et dans la deuxième, une évaluation du degré de convergence nominale réalisé et surtout de celle réelle.

PREMIERE PARTIE

LA CONVERGENCE EN ZONE FRANC : ENJEUX THEORIQUES ET FONDEMENTS

Evaluer la convergence des politiques économiques n'a d'intérêt que parce que cela revêt une importance. Or cette importance ne peut être perçue qu'en s'interrogeant sur les raisons de l'instauration des critères de convergence dans une union monétaire aussi vieille que la zone Franc. On sait que dans le cas de la construction monétaire européenne, cela était justifié par la nécessité d'homogénéiser les fondamentaux des économies afin d'instaurer la monnaie unique, la recherche d'objectifs communs impliquant des politiques communes et un partage des coûts. En outre, en l'absence d'une telle homogénéisation économique, l'apparition d'externalités aurait défavorisé certains pays au profit d'autres[1], menaçant de la sorte l'union d'éclatement. La réponse à cette interrogation revient donc à rechercher les fondements de la convergence des politiques économiques en zone Franc. Mais ceux-ci à leur tour ne peuvent pas être appréciés de la même façon selon que l'on se situe dans un cadre théorique ou dans un autre, car plusieurs acceptions de la convergence sont en présence. C'est la raison pour laquelle nous nous interrogerons d'abord sur les enjeux théoriques de la notion de convergence, avant de faire une analyse en amont de ses fondements. Plus précisément, le plan de cette partie de l'ouvrage est le suivant :

- **Chapitre 1 - Les enjeux théoriques de la convergence** ;
- **Chapitre 2 - Les fondements de la convergence des politiques économiques**.

---

[1] Un pays membre ayant par exemple des taux d'intérêt très bas peut attirer les investissements des autres pays de l'union et créer ainsi des délocalisations et du chômage chez les partenaires. Il convient donc de s'assurer que les pays mènent une politique coopérative afin que l'union monétaire existe réellement et demeure durable.

Chapitre 1

LES ENJEUX THEORIQUES DE LA CONVERGENCE

On parle très souvent de convergence des politiques économiques lorsque plusieurs pays pratiquent des politiques économiques coopératives, ces dernières étant fondées sur la poursuite d'objectifs communs ou proches et contrôlées par l'existence de mécanismes de surveillance multilatérale, destinés quant à eux à garantir la conformité des politiques économiques nationales avec les objectifs préalablement fixés. Depuis 1994, la pratique européenne des critères de convergence a été expérimentée à quelques différences près en zone Franc avec des objectifs chiffrés uniformisés. Dans la CEMAC comme dans l'UEMOA, quatre principaux critères de convergence ont été fixés : 1° solde budgétaire de base sur PIB supérieur ou égal à zéro; 2° taux d'inflation annuel moyen inférieur à 3 %; 3° encours de la dette publique (intérieure et extérieure) sur PIB nominal inférieur ou égal à 70 %; 4° non-accumulation par l'Etat d'arriérés intérieurs et extérieurs sur la gestion courante, avec comme indicateur un délai de paiement inférieur à 120 jours. Le respect de ces critères[1] est selon une certaine opinion un indicateur de la convergence des économies. Dans le traité de Maastricht de tels critères sont utilisés pour apprécier le rapprochement des performances économiques d'un pays donné avec les meilleures performances. C'est peut-être ce qui fait dire à P. LLAU [2001][2] qu'*un ensemble d'économies bénéficie d'une propriété de convergence dès lors que ces économies tendent vers des résultats (quantifiables) communs*. Chez certains auteurs, la notion de convergence renvoie à une tendance vers la moyenne d'un groupe de pays. Plus généralement, on semble

---

1 Ces critères ont remplacé en 2002 les critères initialement arrêtés au moment de la création de la CEMAC, à savoir : 1° solde budgétaire primaire, supérieur ou égal à 0 ; 2° taux de couverture extérieure de l'émission monétaire, supérieur ou égal à 20% ; 3° variation nette des arriérés intérieurs et extérieurs, inférieure ou égale à 0 ; 4° variation annuelle en pourcentage de la masse salariale de la fonction publique, égale ou inférieure à la variation en pourcentage des recettes budgétaires.

2 Cf. P. LLAU, in : C. JESSUA, C. LABROUSSE, D. VITRY et D. GAUMONT (sous la direction de), *Dictionnaire des Sciences Economiques*. Paris : PUF, 2001. pp.209-210.

s'accorder à dire qu'il y a convergence en économie lorsqu'on assiste à une diminution des écarts entre indicateurs économiques relatifs à plusieurs pays. Très souvent, on lie cette diminution aux aspects réels, car cette diminution doit traduire soit un rapprochement des niveaux de vie (en termes de revenu et de productivité) au sein d'une zone, soit l'atténuation des différences structurelles qui influent sur la compétitivité des pays, notamment dans le domaine industriel ou des infrastructures. Partant de là, on appréhende la convergence sous l'angle de la problématique du rattrapage économique, quelquefois en relation avec les moyens financiers et budgétaires pouvant soutenir le processus[1]. On utilise en outre la notion de *club de convergence,* notamment pour désigner un groupe de pays pour lesquels on accepte l'hypothèse de convergence. Or la *convergence nominale* n'est pas toujours égale à la *convergence réelle*, qui elle-même fait l'objet de plusieurs approches théoriques. Dans ce chapitre, nous montrerons :

- en premier lieu que, **la notion de convergence est controversée** (section 1) ;
- et en second lieu, qu'il est **possible de concilier les partisans de la convergence nominale et ceux de celle réelle** (section 2).

SECTION 1
LA CONVERGENCE : UNE NOTION CONTROVERSEE

La notion de convergence fait l'objet d'une controverse qui oppose deux grandes approches : d'un côté celle dite *réelle*, et de l'autre celle dite *nominale*.

A- L'APPROCHE REELLE

L'approche réelle elle-même divise les économistes, car on distingue l'analyse des théories de la croissance et celle des théories des zones monétaires optimales.

1- L'analyse des théories de la croissance

En économie de la croissance et du développement, le problème de la convergence est une question traditionnelle dite *du rattrapage*, qui a

---

[1]C'est le cas des fonds structurels en union économique et monétaire européenne ; cf. KIM NGUYEN [1996], « La convergence réelle en Europe », *Lettre de conjoncture de la BNP*, février. in : *Problèmes économiques*, n° 2.475, 5 juin 1996, pp. 7-14.

connu un renouveau analytique avec les nouvelles théories de la croissance. Son point de départ se situe dans l'idée de l'instabilité de la croissance soutenue par R. H. HARROD[1]. Contrairement à KEYNES[2], qui s'est préoccupé du plein emploi dans une perspective de court terme, HARROD a privilégié l'étude des conditions de long terme du plein emploi. Selon lui, les économies sont fondamentalement instables au niveau macroéconomique. Sa démonstration repose sur le *taux de croissance garanti* (g_w), qui permet à l'économie de suivre un sentier d'équilibre. Sur ce sentier, les firmes planifient en permanence un montant d'investissement qui correspond à la fraction du revenu national qui a été épargnée. Selon le principe de l'accélérateur, elles fondent leurs projets d'investissement non pas sur le niveau du revenu, mais sur la vitesse d'évolution de ce dernier. En supposant que l'investissement désiré est une proportion constante, *c*, de la variation du revenu *Y* entre une période *0* et une période *1*, il s'écrit : $c(Y_1-Y_0)$. A l'équilibre, il y a égalité entre l'investissement désiré et de l'investissement réalisé, soit : $sY_0 = c(Y_1-Y_0)$, ou $\frac{(Y_1 - Y_0)}{Y_0} = \frac{s}{c}$, avec *s* représentant la propension à épargner de plein-emploi. Le *taux de croissance garanti* g_w est défini par $g_w = \frac{s}{c}$, car il ne s'agit pas d'un taux de croissance d'équilibre. En effet, si chaque point sur le sentier de production défini par g_w est un point d'équilibre – au sens où les producteurs seront satisfaits s'ils restent au-dessus et seront induits à conserver le même taux de croissance – cet équilibre est hautement instable. HARROD montre que le chemin suivi par l'économie revient à naviguer sur une *arête en lame de couteau*[3] ou sur le *fil de rasoir*. Il montre aussi qu'il est impossible pour les économies en croissance de connaître un plein emploi continu. Pour cela, il introduit la notion de *taux de croissance naturel*, g_n, définie comme la somme du taux de croissance de la force de travail (*n*) et du taux de croissance de la productivité du travail (*a*). Selon lui, le taux de croissance de l'économie (*g*) doit être égal à la fois au taux garanti,

---

[1] Cf. R. F. HARROD [1939], "An essay in Dynamics Theory", *Economic Journal*, n° 49, mars. pp. 14-33.

[2] Cf. J. M. KEYNES [1936], *Théorie Générale de l'Emploi, de l'Intérêt et de la Monnaie*. Traduit de l'anglais par J. de LARGENTAYE. Paris : Payot, 1942.

[3] On trouvera des développements chez J. ARROUS [1999], *Les théories de la croissance*. Paris : Editions du Seuil. p. 46 et sv.

$g_w = \frac{s}{c}$, et au taux naturel, $g_n = n+a$, puisque la poursuite du plein emploi exige que la production croisse au taux naturel, les paramètres *n*, *s*, *a*, et *c* étant exogènes et indépendants, l'égalité de g_w et g_n ne peut être fortuite.

L'idée de l'instabilité de la croissance du modèle de HARROD a cédé la place à la stabilité, notamment avec la régularité de la croissance des années d'après-guerre, qui a conduit d'autres théoriciens (R. SOLOW [1956][1]; T. W. SWAN [1956][2], etc.) à construire des modèles visant l'ajustement entre le taux garanti et le taux naturel à travers la modification de l'un des paramètres *n*, *a*, *s*, ou *c*. C'est ainsi qu'ont été produits des modèles de croissance équilibrée, en ayant recours à la substituabilité des facteurs de production permettant la modification du coefficient de capital. Mais, depuis le milieu des années 80, sont apparus aussi les modèles de croissance endogène visant à obtenir le taux de croissance de long terme comme le résultat d'un modèle, contrairement à l'hypothèse néoclassique d'exogénéité du progrès technique.

L'intérêt des modèles néoclassiques et les modèles de croissance endogène réside dans leur approche différenciée de la convergence. Dans la théorie néoclassique, on fait l'hypothèse de l'égalisation à long terme des taux de croissance par tête sous l'effet de la diffusion du progrès technique. Par contre, dans les modèles de croissance endogène, on fait l'hypothèse de la différenciation internationale des taux et des niveaux de croissance.

a- L'hypothèse néoclassique d'égalisation à long terme des taux de croissance par tête

L'interrogation habituelle relative à la convergence porte sur les possibilités d'égalisation à long terme des niveaux de PIB par tête des diverses économies nationales. Les modèles de croissance néoclassiques

---

[1] R. M. SOLOW [1956], "A Contribution to the Theory of Economic Growth", *Quarterly Journal of Economics*. fév. Traduit dans G. ABRAHAM-FROIS et al. éds [1977], *Problématiques de la croissance*, vol. 1, *néoclassiques et néokeynésiens*. Paris : Economica.

[2] Cf. T.-W. SWAN [1956], "Economic Growth and Capital Accumulation", *Economic Record*. Nov.

(modèles de SOLOW [1956], CASS [1965][1], KOOPMANS [1964][2]) proposent une réponse à partir d'une analyse des déterminants de la croissance. Dans ce cadre, on considère une fonction de production à rendements constants et l'on admet que la productivité marginale de chacun des facteurs de production est décroissante. La productivité marginale du capital par exemple décroît avec l'augmentation du niveau du capital par tête. Le taux de croissance du capital et du produit global (par tête) diminue avec l'accroissement du niveau de l'*out put per capita*. On suppose qu'avec la transmission internationale du savoir et des technologies, il apparaît une tendance à l'homogénéisation des technologies et des préférences qui conduit à un rattrapage des pays riches par les pays pauvres. Les analyses d'ABRAMOVITZ [1986][3] et de SOLOW illustrent bien cette démarche.

A la suite des travaux de GERSCHENKRON [1952][4], ABRAMOVITZ [1986] a lié la convergence ou le rattrapage des PIB par tête aux effets de la diffusion du progrès technique entre nations. Il suppose que *les pays dont les techniques de production sont faiblement productives bénéficient d'un potentiel de croissance élevé*. Dans la mesure où ils peuvent appliquer les méthodes de production des pays qui sont à la pointe de la technique, leur taux de croissance sera en effet inversement proportionnel à leur PIB par tête initial[5]. Mais le potentiel de croissance ne sera réalisé que si les pays en retard disposent d'une capacité *sociale suffisante*. Celle-ci s'identifie aux compétences techniques du pays, mesurées par le nombre moyen d'années de scolarisation, ainsi qu'à l'efficacité de ses institutions financières, politiques, commerciales et industrielles, à laquelle il faut ajouter le degré d'ouverture de l'économie sur l'extérieur, la puissance des intérêts

---

[1] CASS, D. [1965], "Optimum growth in aggregative model of capital accumulation", *Reviews of economics studies*, 32, pp. 233-240.

[2] KOOPMANS [1964], "Maximal rate of growth", *Quarterly Journal of Economics*, 78, pp. 355-394.

[3] ABRAMOVITZ, M. [1986], "Catching Up, Forging Ahead, and Falling Behind", *Journal of Economic History*, Vol. 46, pp. 385-406.

[4] GERSCHENKRON, A. [1952], "Economics backwardness in Historical Perspective", in : HOSELITZ, B. F. (éd.), *The progress of Underdeveloped Areas*. Chicago : University of Chicago Press.

[5] Ce schéma suppose que le progrès technique est un bien public

établis. Etant donné que les pays pauvres ont tendance à croître plus vite que les pays riches, on devrait assister à long terme à une égalisation du PIB par tête dans tous les pays, c'est-à-dire à une tendance à la convergence mondiale.

En ce qui concerne le modèle de SOLOW, on considère qu'à long terme le niveau du PIB par tête dépend positivement de deux facteurs de production reproductibles, le capital et le travail, et négativement du taux d'accumulation du facteur non reproductible, à savoir la population. Il en découle que, si les régimes de croissance démographique et les taux de préférence pour le futur (qui déterminent le régime d'accumulation) ne diffèrent pas sensiblement d'un pays à l'autre, les niveaux de PIB par tête s'égaliseront à long terme. En effet, selon ce modèle, le taux de croissance par tête est égal au taux de croissance du progrès technique. Même si sa genèse est exclue du champ d'analyse (il est supposé exogène), ce dernier constitue la seule source de croissance par tête ; étant un bien public, les économies auront toutes le même taux de croissance à long terme, et aucune politique économique ne pourra modifier cette croissance. De ce fait, les performances passées d'un pays n'auront pas d'incidence sur sa trajectoire future. La concurrence étant supposée parfaite, cette trajectoire de long terme sera optimale au sens de Pareto. Ce modèle illustre l'hypothèse d'égalisation à long terme des taux de croissance, car l'hypothèse de la convergence est une de ses caractéristiques fortes. Il admet l'existence d'un unique sentier de croissance de long terme, lui-même supposé stable et entièrement déterminé par des variables exogènes (démographie, progrès technique ou taux d'épargne). Mais il suppose aussi qu'à chaque date, chacune des économies dont on schématise le fonctionnement est *en train de converger vers son propre sentier de croissance équilibrée.* Cette convergence est analysée à partir de la relation qui lie l'accumulation du capital par tête et l'investissement, relation qui elle-même repose à son tour sur certaines hypothèses.

Le modèle suppose par exemple que l'équilibre est toujours réalisé : sur le marché du travail, du fait des possibilités de substitution capital-travail ; sur le marché des produits, en raison de l'hypothèse selon laquelle l'offre est toujours égale à la demande, ce qui signifie en d'autres termes que l'investissement désiré est nécessairement égal à l'épargne désirée. Il suppose également que la fonction de production a deux facteurs : le capital (K) et le travail (L), et que ceux-ci sont substituables. Il suppose en outre que le produit total, $Y=PIB$, s'obtient à partir d'une fonction de production agrégée, $Y = F(K, L)$, continûment différentiable. Ceci permet de définir le taux marginal de substitution (*TMS*) entre *K* et *L*. Celui-ci est décroissant. Enfin, les rendements d'échelle sont supposés constants, ce qui permet de raisonner sur des variables par tête. Partant de là, on établit la relation qui lie l'accumulation du capital par tête et l'investissement, et qui, comme nous l'avons déjà dit, sert à l'analyse de la convergence. On écrit alors le modèle de façon formelle, sur la base de l'écriture suivante :

$$Y_t = F(K_t, L_t) = L_t F(\frac{K_t}{L_t}, 1).$$

En posant $F(\frac{K_t}{L_t}, 1) = f(\frac{K_t}{L_t})$, il vient que $Y_t = L_t\, f(\frac{K_t}{L_t})$ ou $\frac{Y_t}{L_t} = f(\frac{K_t}{L_t})$; d'où l'expression de la fonction de production, donnée par la relation de pleine capacité ***(1)***.

$$y_t = f(k_t) \qquad \textbf{(1)}$$

Avec : $y_t = \frac{Y_t}{L_t}$ ou produit par tête ; $k_t = \frac{K_t}{L_t}$ ou capital par tête ; $f'(k) > 0$ et $f''(k) < 0$, ce qui signifie que le produit marginal du capital par tête est positif mais décroissant lorsque la quantité de capital par tête augmente. Il en est de même du produit par tête.

L'équilibre sur le marché des produits est donné par la relation ***(2)***.

$$I_t = \dot{K} = sY_t \qquad \textbf{(2)}$$

où : $\dot{K} = I - \delta K = \frac{dK}{dt}$ ou variation instantanée du stock de capital ;

I, l'investissement ; *K*, le stock de capital et $\delta \in (0, 1)$ le taux de dépréciation du capital.

L'équilibre de long terme sur le marché du travail (plein emploi) quant à lui est donné par la relation ***(3)***.

$$L_t = N_t = N_o e^{nt} \qquad \textbf{(3)}$$

où N_t = demande de travail; L_t = offre de travail, qui s'accroît de façon exponentielle avec le taux de croissance de la population active n.

Avec les différentes relations du modèle, on examine la variation du capital par tête, k, en fonction de la définition : $k_t = \frac{K_t}{L_t}$.

Soit, $\dot{k} = \frac{dk}{dt}$ et, $\dot{L} = \frac{dL}{dt}$, il vient que $\frac{\frac{dk}{dt}}{k_t} = \frac{\frac{dK}{dt}}{K_t} - \frac{\frac{dL}{dt}}{L_t}$. Or, à partir de la relation *(3)*, on a : $\frac{dLogL_t}{dt} = \frac{dLogN_t}{dt} = \frac{\frac{dN}{dt}}{N_t} = n$. On obtient finalement à partir de la combinaison des équations ***(1)*** et ***(2)*** :

$\frac{\frac{dK}{dt}}{K} = s\frac{Y_t}{K_t} = s\frac{y_t}{k_t} = \frac{s}{k_t}f(k_t)$; soit simplement la relation ***(4)*** suivante :

$$\dot{k} = sf(k) - nk \qquad \textbf{\textit{(4)}}$$

C'est cette relation qui se trouve au cœur des analyses de la convergence. En effet, elle a une solution particulière : la croissance équilibrée à taux constant. Parce qu'il s'agit d'une solution stable, on parle de convergence. La croissance équilibrée suppose que la production (Y), l'investissement (I) et le stock de capital (K) augmentent à un même taux constant en longue période. Cela signifie que l'intensité capitalistique est constante au cours du temps, ce qui équivaut encore à $\dot{k} = 0$. Or $\dot{k} = 0$ est la solution d'équilibre stationnaire. Celle-ci est donnée par la valeur constante k^* de l'intensité capitalistique et qui est telle que : $\dot{k} = sf(k^*) - nk^* = 0$. A partir de cette valeur, on obtient l'évolution des différentes variables globales (Y, K, L) au cours du temps. Dans la mesure où toutes ces variables croissent au même taux constant n, la solution particulière k^* est caractéristique de la situation de croissance équilibrée à taux constant n, pour une valeur du coefficient de capital v*,

avec $v^* = \frac{s}{n} = \frac{k^*}{f(k^*)}$.

Partant de l'hypothèse de rendements d'échelle constants, de fonction de production croissante et concave, on peut trouver graphiquement les caractéristiques de la solution de croissance équilibrée[1], comme le montre le graphique 2.

Graphique 2- Caractéristiques de la solution de croissance équilibrée

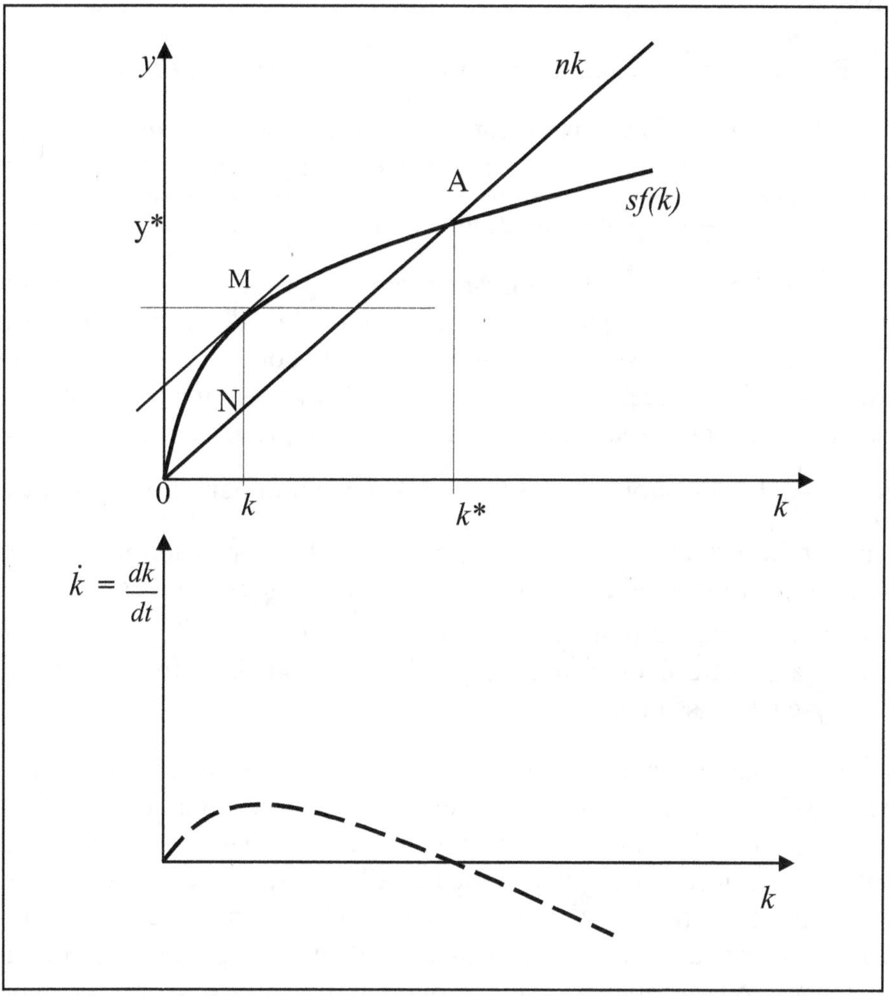

Dans ce graphique, les coordonnées du point A répondent aux conditions pour lesquelles il y a croissance à taux constant. La fonction de production étant constante et concave, ce point est unique. Il est celui où le taux de croissance du produit à long terme est égal au taux de

[1] Cf. G. ABRAHAM-FROIS [1991], *Dynamique économique*, 7e édition. Paris: Editions Dalloz. pp. 258-261.

croissance naturel de la production (n). A ce taux, l'investissement par tête est censé assurer le maintien du capital par tête, afin que les nouveaux travailleurs qui arrivent sur le marché du travail au cours de chaque période soient aussi bien équipés que les anciens. Il est égal à nk, *avec* $nk = I$.

Puisque l'épargne par tête s'écrit $\frac{S}{N} = s\frac{Y}{N} = sy = sf(k)$, la condition d'équilibre entre l'investissement et l'épargne est $nk = sf(k)$. Ainsi, la croissance est équilibrée à condition que le capital par tête k^* soit tel que : $\frac{f(k^*)}{k^*} = \frac{n}{s}$. Cette relation, établie au départ, va se maintenir ensuite tout au long de la croissance, qui s'effectue au taux n. Lorsque cette condition n'est pas respectée, le modèle admet qu'il y a une possibilité de réajustement automatique et donc d'obtention d'une croissance équilibrée. Sur le graphique, l'investissement requis pour maintenir constant le capital par tête (nk) est représenté par la droite de pente $\frac{n}{k}$. La fonction $sf(k)$ est obtenue en multipliant l'ordonné de la fonction de production à une variable par s, la propension marginale à épargner. La différence des ordonnées entre les deux courbes permet de suivre sur la partie basse du graphique l'évolution de $\dot{k} = sf(k) = nk$. C'est dans cette évolution qu'apparaît la notion de convergence dans l'analyse néoclassique.

La variation du capital par tête $\dot{k}$ peut être positive, négative ou nulle, selon que l'investissement effectif par travailleur est supérieur, inférieur ou égal à l'investissement par travailleur. Ainsi, pour les valeurs initiales de k inférieures (ou supérieure) à k^*, l'investissement effectif est supérieur (ou inférieur) au montant de l'investissement nécessaire pour maintenir constant le capital par travailleur. De ce fait, ce dernier augmente (ou diminue), et la production utilise alors une technique différente. Ces changements successifs conduisent à utiliser la technique pour laquelle $k = k^*$. Ainsi, quelles que soient les conditions initiales, l'économie tend vers une croissance équilibrée à taux constant, l'ensemble des agrégats croissant au taux n. En effet, le système économique peut répondre à l'action des forces déséquilibrantes, dès l'instant qu'il existe une gamme de techniques de production (modification exogène de *s* ou de *v*) permettant de rapprocher progressivement le taux de croissance (*garanti*) de l'économie du taux de croissance naturel. Pour SOLOW, ce rapprochement progressif peut être représenté dans le plan (*K, L*) par les évolutions marquées en pointillés sur le graphique 3, évolutions *qui convergent à très long terme vers l'intensité capitalistique d'équilibre*[1] à partir des situations initiales M_1 et M_2.

Graphique 3- Rapprochement du taux de croissance garanti du taux de croissance naturel

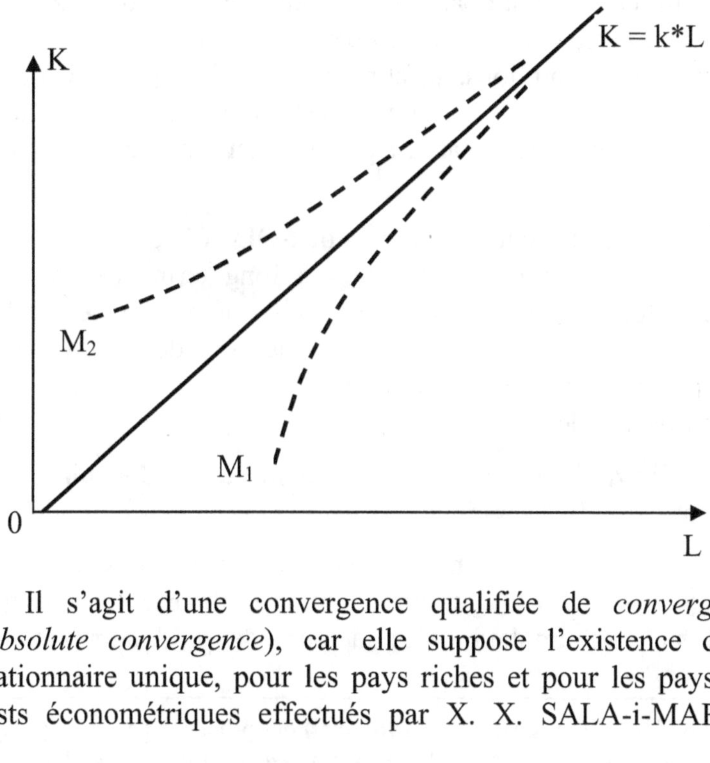

Il s'agit d'une convergence qualifiée de *convergence absolue* (*absolute convergence*), car elle suppose l'existence d'un équilibre stationnaire unique, pour les pays riches et pour les pays pauvres. Les tests économétriques effectués par X. X. SALA-i-MARTIN[2] sur un

[1] G. ABRAHAM-FROIS [1991], op. cit., p. 260.

[2] Cf. X. X. SALA-i-MARTIN [1996], "The classical Approach to Convergence Analysis", *The Economic Journal,* 106, July, pp. 1019-1036. Notons à ce niveau que les différentes analyses de la converegnce ont donné naissance à différents critères d'acceptation de la convergence, notamment avec les notions de *σ-convergence* et de *β-convergence*. Introduites par SALA-I-MARTIN [1990], ces notions définissent respectivement la convergence comme la réduction de la dispersion de la répartition des PIB par tête, et comme un rattrapage. Plusieurs autres auteurs (BERNARD et

échantillon de 110 pays sur la période de 1960 à 1990 sont concluants pour les pays de l'OCDE. Ils ne sont globalement concluants que pour la *convergence conditionnelle*. Celle-ci part de l'idée selon laquelle, plus le niveau de revenu dans la situation initiale est faible par rapport à la situation d'équilibre de long terme, plus le taux de croissance est important. Cette idée elle-même repose sur l'hypothèse des rendements marginaux du capital : les pays qui disposent de moins de capital par tête par rapport à leur niveau de long terme tendent à avoir des taux de rendement et de croissance plus élevés. Mais on admet qu'une telle convergence est conditionnelle, car dans le modèle néoclassique, les niveaux de produit et de capital par tête dépendent du taux d'épargne, du taux de croissance de la population et de la position de la fonction de production. Dans ces conditions, la convergence n'est possible que si l'état stationnaire des différentes économies est rendu constant, ou encore s'il s'agit d'économies dont l'état d'équilibre stationnaire est presque identique.

Comme on peut le constater, le modèle de SOLOW donne une bonne illustration de l'hypothèse de l'égalisation à long terme des taux de croissance par tête, hypothèse qui repose elle-même sur le progrès technique. Mais ce modèle s'oppose aux théories de la croissance endogène, lesquelles font l'hypothèse de la différenciation internationale des taux et des niveaux de croissance.

b- L'hypothèse de la différenciation internationale des taux et des niveaux de croissance

Les théories de la croissance endogène cherchent à expliciter l'origine de la croissance à long terme. Comme la théorie néoclassique, elles insistent sur l'accumulation des facteurs de production, et plus

---

DURLAUF [1996], EVANS et KARRAS [1996], etc.) ont proposé une autre approche fondée sur la caractérisation des écarts des PIB par tête en logarithme. Pour la β-convergence, leurs travaux étudient d'une part la relation entre le taux de croissance par tête et le niveau initial du PIB (*β-convergence inconditionnelle*), et d'autre part la relation inverse, avec comme condition de validation de l'hypothèse le fait que les pays de l'échantillon atteignent des niveaux communs pour certaines variables de nature économique (*β-convergence conditionnelle*). QUAH [1995] par exemple a proposé de mesurer la convergence à partir de l'évolution de la position relative des pays, c'est-à-dire de la dynamique de la répartition de l'ensemble des PIB par tête, ce qui conduit à admettre l'hypothèse de convergence si la répartition des PIB par tête tend vers une loi unimodale

précisément sur la dynamique du rapport capital-travail. Mais elles incorporent le progrès technique comme un facteur endogène au modèle. En d'autres termes : *elles cherchent à obtenir le taux de croissance de long terme comme résultat d'un modèle, d'où leur dénomination de modèles de croissance endogène*[1].

Dans ces théories, par exemple dans le modèle de LUCAS [1988][2], la convergence n'est pas véritablement envisagée. Seuls les clubs de convergence sont possibles compte tenu de la différenciation internationale des taux et des niveaux de croissance. Rappelons que certaines d'entre elles incorporent dans l'explication de la croissance les théories de la recherche-développement et de la concurrence imparfaite. Elles admettent que la croissance résulte d'une activité délibérée d'accumulation des connaissances. La croissance de la productivité est ainsi attribuée à une activité spécifique, la recherche-développement. Réalisée en vue du progrès technique, celle-ci est rémunérée par une certaine forme de pouvoir de monopole. En outre, les dépenses de recherche-développement permettent la mise au point de biens d'équipement nouveaux, plus productifs que les anciens. A travers elles, le progrès technique va se trouver bien incorporé dans le capital physique sans pour autant résulter de l'investissement dans ce type de capital. Il en découle alors que, s'il n'existe pas de tendance à ce que les agents économiques soient à court d'idées nouvelles, le taux de croissance peut rester positif dans le long terme. Deux principales formes de progrès technique sont retenues pour expliquer la croissance.

La première est l'augmentation du nombre des variétés des biens, tant de production que de consommation. C'est le cas lorsque ce nombre est modifié grâce à la recherche-développement, laquelle s'interprète comme une innovation fondamentale. En effet, on suppose que l'invention d'un nouveau produit requiert un montant donné de capital humain plutôt que de produit. On admet en outre que l'offre de capital humain est fixe, ce qui revient à l'idée que la recherche-développement est plus intensive en capital humain que la production de biens (ROMER

---

[1] J. ARROUS, op. cit. p. 184.

[2] Cf. R. E. LUCAS. [1988], "On the Mechanisms of Economic Development", *Journal of Monetary Economics*, July, 22 : 1. pp. 3-42.

[1990][1]). Dans son modèle[2], ROMER considère aussi que le coût pour inventer un nouveau produit décroît avec l'accumulation des idées dans la société, et que dans le secteur de la recherche-développement, la connaissance est non-rivale et non exclusive. Cela signifie que les connaissances de chaque firme constituent un bien public, auquel n'importe quelle autre firme peut avoir accès à un coût nul. Ainsi, il existe un effet de report de la recherche courante sur la productivité de la recherche future, de sorte que le taux de croissance est d'autant plus élevé que le capital humain consacré à la recherche est important. En d'autres termes, c'est la répartition du capital humain entre les secteurs de la production du bien final et la recherche-développement qui détermine, chez lui, la valeur du taux de croissance d'équilibre.

La deuxième forme est l'augmentation de la qualité de tout un ensemble de produits existants. Il s'agit d'un processus à l'image de la *destruction créatrice* de SCHUMPETER [1912][3], où les meilleurs produits se substituent aux anciens. Dans le modèle proposé par P. AGHION et P. HOWITT[4], *la découverte d'un bien de qualité supérieure exclut complètement les biens de qualité inférieure*. Il en résulte que les chercheurs qui ont réussi à trouver un bien de qualité supérieure éliminent les rentes de monopole de leurs prédécesseurs. Les conséquences liées à la nature temporaire de la position de monopole (effort excessif ou non de recherche-développement) peuvent se traduire, en l'absence d'intervention publique, par un taux de croissance supérieur ou inférieur au taux de croissance optimal.

Dans la première comme dans la deuxième forme de progrès technique, le taux de croissance augmente avec la propension à épargner et le niveau de la technologie. Il varie en sens inverse du coût de la recherche-développement.

---

1 Cf. P. M. ROMER [1990], "Endogenous Technological Change", *Journal of Political Economy*, october, 98: 5, part 2. pp. S71-S102.

2 Ce modèle est présenté par BARRO et SALA-i-MARTIN. Cf. BARRO et SALA-i-MARTIN [1995], *Economic Growth*, Mcgraw Hill. pp. 226-230.

3 J. A. SCHUMPETER [1912], *Théorie de l'Evolution Economique.* Trad. J. J. Anstett. Paris : Dalloz, 1935 ; Cf. chapitre 2

4 Cf. P. AGHION et P. HOWITT [1992], "A Model of Growth Trough Creative Destruction", *Econometrica*, vol. 60, n° 2, march, pp. 323-351.

Mais la première vague de modèles de croissance endogène, notamment ceux de ROMER[1] et de LUCAS [1988], ne portent pas sur le progrès technique. Chez LUCAS, l'introduction d'un concept élargi de capital, incluant le capital humain, permet d'éviter la décroissance des rendements dans le long terme. La croissance peut ainsi se poursuivre indéfiniment, parce que *le rendement de l'investissement d'une large catégorie de biens de capital, ..., ne décroît pas nécessairement en même temps que l'économie se développe.* La tendance à la décroissance des rendements lors de l'accumulation du capital est évitée du fait de la diffusion des connaissances entre les firmes, et du fait d'effets externes positifs du capital humain qui accompagnent le processus de croissance. LUCAS privilégie donc, dans l'explication de la croissance, le capital humain par rapport au progrès technique. Il souligne en effet que les différences internationales de niveau et de taux de croissance du revenu ne peuvent être expliquées à partir du progrès technique, du facteur technologique. Ceci parce que selon lui, celui-ci est un bien public, accessible d'une manière identique à toutes les nations. En revanche, le capital humain étant incorporé aux individus, il est par essence de nature privée. Ainsi, il n'y aura pas d'égalisation des niveaux de capital humain entre nations, sauf à imaginer une circulation internationale des individus des pays les mieux dotés vers ceux qui le sont moins. Dans son modèle, le niveau moyen de capital par tête agit comme une externalité. Il apparaît en quelque sorte comme *une compétence collective* liée aux échanges d'information de toute sorte que réalisent les agents d'une même collectivité. Un individu d'une compétence donnée sera plus ou moins efficace en fonction de la compétence des personnes avec lesquelles il entre en contact. LUCAS souligne à ce propos la raison d'être et le rôle des grands pôles économiques. L'importance de ce type d'externalité réside dans le fait qu'il permet d'*expliquer la dépendance de la trajectoire du revenu par tête aux conditions initiales, et donc la persistance des différences internationales*. Le taux de croissance par tête par exemple dépendra du stock initial de capital physique ou du capital humain.

En résumé, les modèles de croissance endogène font de la présence des externalités le moteur de la croissance à long terme, puisque celles-ci

---

1 Cf. P. M. ROMER [1986], "Increasing returns and Long-Run Growth", *Journal of Political Economy*, october, 94 : 5. pp. 1002-1037.

ont pour effet de rendre les rendements de la fonction de production croissants. Dans ces conditions, il n'y a plus de décroissance de la productivité marginale des facteurs de production. Cependant, ces externalités conduisent à une trajectoire de long terme qui n'est pas optimale, car les conditions initiales d'une économie ont un rôle déterminant à jouer. A cet égard, ces modèles sont des modèles à équilibres multiples de long terme. Dans leur optique, il faut que les pays aient non seulement des structures identiques mais que leurs conditions initiales soient également très proches pour qu'un processus de convergence se produise. A défaut, un tel processus ne peut avoir lieu qu'en termes de *clubs de convergence*[1].

2- L'analyse des théories des zones monétaires optimales

La théorie des zones monétaires optimales voudrait apporter une réponse à la question de l'opportunité des zones monétaires différentes ou tout simplement de leur optimalité. On sait que l'existence de nombreuses devises apparaît a priori comme un obstacle à l'extension de l'échange entre agents. On peut donc admettre que seule la définition consensuelle d'un régime de conversion régulant l'échange des monnaies permet de franchir cet obstacle. Mais se pose en amont la question de l'opportunité des zones monétaires couvrant des espaces économiques différents. Cette question revient à se demander comment justifier le fait que les échanges soient régulés par un taux de change parce qu'ils ont lieu entre agents appartenant à des zones monétaires différentes, alors que pour des agents appartenant à une même zone monétaire, ils sont régulés par d'autres mécanismes. A ce sujet, il importe de rappeler que la notion d'optimalité renvoie à la qualité de l'allocation de ressources. Il s'agit donc de savoir si une zone monétaire ouverte sur l'extérieur est à mesure d'assurer le respect du plein emploi, concurremment à l'équilibre des échanges extérieurs et à la maîtrise de l'inflation. Autrement dit, pour une zone monétaire dotée des instruments macroéconomiques usuels, on voudrait savoir si les responsables de la politique macroéconomique sont en mesure d'assurer la stabilisation. La théorie des zones monétaires optimales met l'accent sur les coûts d'une union monétaire et sur la définition des contours optimaux de la zone. Mais on est loin d'un corpus

---

[1] Cette notion est fondée sur l'existence de groupes de pays pour lesquels l'hypothèse de convergence se trouve vérifiée. Voir BERTHELEMY et VAROUDAKIS [1995] ; BERTHELEMY [2006].

théorique homogène. Depuis les travaux pionniers de MUNDELL [1961][1], la convergence réelle est analysée dans la théorie des zones monétaires optimales comme une condition de l'union monétaire. Les critères réels mis en avant portent non seulement sur le faible degré d'asymétrie des chocs économiques et de disparité de réaction face à ces chocs, mais également sur l'homogénéité suffisante des structures de production, le niveau élevé d'intégration commerciale et financière comme de mobilité des facteurs de production. L'idée de base est en effet que l'union monétaire est viable si elle rassemble des pays ou régions ayant des structures suffisamment proches les unes des autres, de sorte que tout choc asymétrique soit absorbé sans recours à des modifications de change.

L'analyse de MUNDELL, basée sur le critère de la flexibilité du marché du travail, a eu plus d'écho, elle se trouve à la base des considérations théoriques relatives à l'union monétaire européenne, contrairement à l'approche de McKINNON [1963][2], fondée elle sur le critère du degré d'ouverture.

a- Le critère de la flexibilité du marché du travail

MUNDELL est à l'origine des fondements théoriques en économie ouverte, sur lesquels les décisions concrètes de politique économique (en matière monétaire et fiscale) sont prises. Son influence sur le développement de la réflexion en macroéconomie internationale est grande. Son analyse des zones monétaires optimales, de la politique monétaire et fiscale dans différents systèmes de taux de change lui a valu, en 1999, le prix Nobel de sciences économiques. L'un de ses grands mérites réside dans sa contribution à l'assignation des instruments de politique économique pour obtenir la stabilité économique. Il réside également dans la réponse strictement théorique qu'il apporte, au travers du concept de zone monétaire optimale[3], à la question de savoir si un pays doit avoir sa propre monnaie ou non. Selon lui, une monnaie

---

[1] D'autres auteurs avant MUNDELL, comme J. S. MILL [1891], avaient abordé la question, soulignant surtout le problème des coûts de transaction liés à la multiplicité des monnaies. Cf. J. S. MILL [1894], *Principles of Political Economy*, vol 2, New York.

[2] R. I. MCKINNON [1963], "Optimum currency Areas", *American Economic Review*, vol. 57, pp. 717- 725.

[3] MUNDELL [1961], loc. cit., pp. 657-665.

commune permet de diminuer les coûts de transaction et de réduire l'incertitude sur les prix relatifs. Mais des désavantages surviennent lorsque des chocs asymétriques, par exemple sur la demande, nécessitent de réduire les salaires réels d'un des pays membres afin de maintenir l'emploi. Pour corriger ces dysfonctionnements, il pense qu'il est nécessaire qu'il y ait une forte mobilité de la main-d'œuvre. Autrement dit, il confère à la flexibilité des marchés du travail (mobilité du travail, flexibilité des salaires) un statut de substitut, particulièrement important, à la flexibilité des changes comme mécanisme d'ajustement en cas de choc asymétrique[1]. D'après lui, la décomposition idéale du monde en zones monétaires devrait se faire de sorte que les facteurs de production soient mobiles au sein de chaque zone, mais immobiles d'une zone à une autre.

Le caractère substituable de la flexibilité des changes et des marchés du travail lors d'un choc de demande asymétrique peut être illustré de la manière suivante. On considère le cas de figure où, suite à un choc asymétrique de demande, deux pays A et B font face à un déplacement de la demande au détriment du pays A et au profit du pays B. Comme l'illustre le graphique 4, des courbes de demande et d'offre globales des pays A et B, on assiste en conséquence à une diminution de l'*out put* du pays A, tandis que celui du pays B augmente.

Selon toute vraisemblance, ce choc aura comme conséquence une hausse du chômage dans le pays A, et une recrudescence de l'inflation dans le pays B. Le pays A risque également de connaître un déficit de la balance courante, si les dépenses de ses résidents ne se réduisent pas proportionnellement à la diminution de l'*out put* domestique. A contrario, le pays B aura des chances pour devenir excédentaire. Il s'ensuivra alors pour les deux pays un problème d'ajustement à résoudre. Il existerait des stabilisateurs automatiques permettant à ces deux pays de faire l'épargne d'un aménagement de parités, à savoir la mobilité du travail et la flexibilité des salaires.

---

[1] C'est un choc dont les conséquences ne sont pas similaires dans tous les Etats membres de l'union, et qui sont de nature à appeler des réponses de politique économique différentes.

Graphique 4 – Courbes de demande et d'offre globales

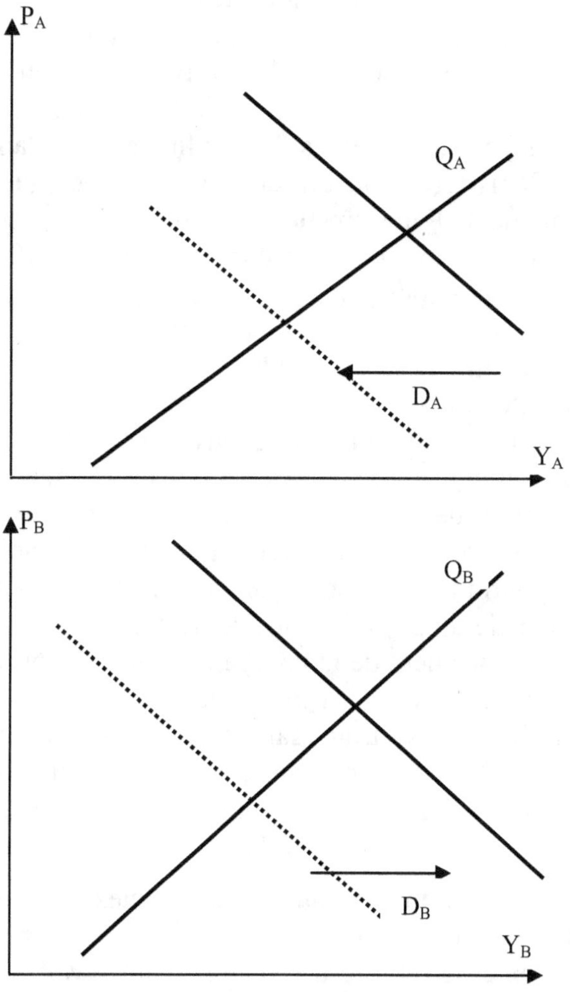

En effet, si les salaires sont flexibles dans les deux pays, sous la pression du chômage, les salariés du pays A réduiront leurs exigences salariales. Au contraire, l'excès de demande de travail dans le pays B entraînera une hausse du taux de salaire. Il en résultera que la courbe d'offre du pays A se déplacera vers la droite, tandis que celle du pays B se déplacera vers la gauche. Ces deux mouvements tendront à restaurer l'équilibre, ce qui signifie que la baisse des prix dans le pays A rendra ses produits plus compétitifs et stimulera la demande, tandis que le phénomène inverse se réalisera dans le pays B. Ainsi, la balance commerciale du pays A va s'améliorer. Par contre, le surplus du pays B sera réduit. Si la main d'œuvre est mobile d'un pays à l'autre, les salariés du pays A vont aller à la recherche d'un emploi dans le pays B, où il existe un excès de demande de travail. Le flux migratoire supprimera la nécessité de modifier les taux de salaire dans chaque pays. Le problème du chômage disparaîtra dans le pays A, tout comme la pression observée sur les salaires dans le pays B. De même, les déséquilibres des balances courantes se résorberont. Dans le cas où ces deux mécanismes que ne peuvent pas jouer, le problème de l'ajustement restera pendant. Il passera par une hausse des prix dans le pays B, qui rendra plus compétitifs les produits du pays A et décalera la courbe de demande du pays A vers le haut. Ainsi, en l'absence de mobilité du travail, la rigidité à la baisse des salaires dans le pays A se traduira par une recrudescence de la hausse des prix dans le pays B. Cette situation placera les autorités du pays B face à un dilemme. Si d'un côté elles voudraient lutter contre la hausse des prix par une politique monétaire et budgétaire restrictive, elles ne seraient pas en mesure de résorber le surplus de la balance courante. Si de l'autre côté elles voudraient éliminer ce surplus, il leur faudrait accepter davantage d'inflation. Ce dilemme pourrait être résolu par la réévaluation de la monnaie du pays B contre celle du pays A. L'ajustement de parités ainsi opéré se traduirait par un déplacement de la courbe de demande du pays B vers le bas, alors qu'elle entraînerait un mouvement inverse dans le pays A. Le problème du chômage se trouverait résolu dans le pays B, tandis que les déséquilibres des balances courantes se résorberaient. Tous les problèmes seraient ainsi résolus par un seul instrument, à savoir le taux de change.

Si les deux pays forment une union monétaire, la question qui se pose est de savoir s'ils peuvent résoudre différemment leur problème d'ajustement dans un contexte de rigidité des marchés du travail. Dans l'affirmative, il s'agira pour les autorités du pays B d'augmenter leur taux d'imposition, de manière à réduire l'excès de demande domestique (ce qui se traduirait par un déplacement de la courbe de demande du pays B vers le bas de la même manière que sous l'effet d'une réévaluation). Les revenus tirés des impôts seraient transférés vers le pays A, où ils seraient dépensés, ce qui aurait pour effet de déplacer la courbe de demande du pays A comme ce serait le cas avec une dévaluation. Le pays A garderait un déficit, mais qui serait financé par le pays B. Seulement, ce type de solution soulève des difficultés lorsqu'il s'agit de l'appliquer à des Etats souverains.

En résumé, deux conditions participent de manière cruciale à la constitution d'une zone monétaire optimale : un faible degré d'asymétrie des chocs subis par les pays de la zone, et une flexibilité suffisante des marchés du travail. En clair, comme l'écrivent A. BENASSY-QUERE et A. LAHRECHE-REVIL [2001], *une union monétaire n'est optimale que si les chocs asymétriques éventuels (les chocs qui affectent différemment les pays) peuvent être absorbés autrement que par un ajustement du taux de change (par la flexibilité des salaires ou la mobilité des facteurs essentiellement), ou si les chocs sont pour la plupart symétriques (c'est-à-dire similaires pour tous les pays; dans ce cas, l'ajustement du taux de change n'est pas nécessaire)*[1]. En pratique, si les économies des Etats-membres de l'union étaient parfaitement identiques, elles réagiraient de la même façon à tout choc externe, ce qui fait que le coût de la renonciation à des ajustements de change serait nul. Mais cela n'est pas toujours le cas. Des asymétries apparaissent et peuvent parfois entraîner des chocs spécifiques à chaque pays, ou bien des réactions nationales différentes à un choc commun.

Bien que discutée et considérée par certains comme dépassé[2], cette analyse est à l'origine de la remise en cause du système de changes fixes entre pays.

b- Le critère du degré d'ouverture

McKINNON [1963] au contraire met en avant le critère du degré d'ouverture. Pour lui, l'opportunité des zones monétaires tient davantage au degré d'ouverture des pays considérés qu'à la mobilité des facteurs. Plus les pays sont ouverts, plus ils ont intérêt selon lui à constituer une zone monétaire (changes fixes), car leur maîtrise sur les prix internes se trouve annulée par les ajustements du taux de change. En revanche, plus ils seront clos, davantage ils auront intérêt à avoir des changes flexibles. Deux arguments sont retenus pour étayer cette thèse : premièrement, la sensibilité relative des volumes aux variations du change en fonction du

1 A. BENASSY-QUERE et A. LAHRECHE-REVIL [2001], » L'élargissement de la zone euro », p. 68, in : CEPII, *L'économie mondiale 2002*. Paris : La découverte.

2 Voir par exemple l'article d'ERKEL-ROUSSE [1997], « Degré de flexibilité du marché du travail, ajustement à des chocs asymétriques et Union monétaire européenne », *Economie et Prévision*, avril-juin. On trouvera des extraits du même article dans *Problèmes Economiques*, n° 2.547, décembre, 1997. pp. 13-21.

degré d'ouverture et, deuxièmement, la sensibilité des structures de prix relatifs à ce même degré d'ouverture.

i- La sensibilité relative des volumes aux variations du change en fonction du degré d'ouverture

En ce qui concerne le premier argument, considérons l'exemple de P. HALLWOOD et R. McDONALD [1984], repris par H. BOURGUINAT[1] peut servir d'illustration. Soit un pays relativement ouvert, pour lequel les biens échangeables représentent 60 % du PNB et les biens non échangeables seulement 40 %. Si l'on suppose qu'en raison de l'appréciation du change, la demande de biens échangés chute de 10 %, il faudra pour la compenser une augmentation de la demande de 15 % (avec 15 % = 6/40) pour que le niveau du revenu réel reste inchangé. Inversement, si l'on considère un pays relativement fermé où les biens échangeables ne représentent que 10 % et les biens non échangeables 90 % du PNB, il faudra seulement 1,1 % (avec 1,1% = 1/90) d'augmentation de la production de biens échangeables pour compenser la baisse de 10 % et maintenir inchangé le niveau du revenu réel. Ainsi, pour les pays très ouverts, les changes fixes (zone monétaire) semblent plus indiqués, alors que pour les pays fermés, les changes flexibles paraissent moins perturbateurs.

ii- La sensibilité des structures de prix relatifs au degré d'ouverture

S'agissant du deuxième argument, l'idée est que lorsque les pays sont relativement ouverts, les variations de change auront un fort impact sur les prix relatifs entre biens échangeables et biens non échangeables exprimés en monnaie. En effet, toute dépréciation de change qui interviendrait dans un contexte de changes flexibles aurait un impact important sur le partage entre demande locale et demande étrangère. A contrario, si l'ouverture est faible, la prépondérance du secteur des biens non échangeables atténuerait l'effet perturbateur des variations de prix dues au change.

Au total, selon McKINNON, l'arbitrage entre changes fixes et changes flexibles, ou union monétaire et autonomie, doit se faire en

---

[1] Cf. H. BOURGUINAT [1999], *Finance internationale*. Paris : PUF.

fonction de l'intensité des relations commerciales[1]. D'aucuns insistent sur la mobilité des capitaux ou le degré d'intégration financière, afin qu'il y ait effectivement les transferts compensateurs, nécessaires au rééquilibrage des balances des paiements qu'implique une zone monétaire optimale[2]. D'autres par contre insistent sur la diversification productive, le système commun de fiscalité et de transfert. On peut citer dans cette lignée les travaux de KENEN [1969], celui-ci propose d'aller au-delà de l'hétérogénéité régionale d'un espace économique. Selon lui, une zone bien différenciée serait mieux à même de gérer une monnaie commune, car les chocs qu'une zone peut subir ont des effets d'autant plus faibles que sa différenciation est grande.

Pour l'ensemble des théories des zones monétaires optimales, l'enseignement principal est cependant que la convergence réelle est la condition essentielle de l'union monétaire. Plus généralement, que ce soit dans ces théories ou celles de la croissance, la convergence est envisagée en termes structurels. Mais cette unité dans l'analyse n'est pas suffisante, car, dans les discours ou les textes officiels, et notamment dans le cadre des traités comme celui de Maastricht, l'accent est mis sur la convergence nominale.

B- L'APPROCHE NOMINALE

Le traité signé à Maastricht les 9, 10 et 11 décembre 1991, est constitutif de l'Union Economique et Monétaire Européenne (UEM). Ce traité a introduit depuis près de deux décennies l'usage intensif de la notion de convergence, qui elle-même a été étendue aux unions économique et monétaire de l'Afrique. La convergence y est définie par rapport au respect par les pays de critères chiffrés (convergence nominale). Pour comprendre cette approche, il convient d'examiner ces critères et de s'interroger sur leur sens.

---

[1] Cette analyse éclaire davantage l'adhésion du « petit pays » à l'espace monétaire d'un grand pays ; car on considère que le fait pour un petit pays d'avoir sa monnaie rattachée à celle d'un grand pays procure à ces deux pays une zone d'indifférence au change importante par rapport à leur commerce extérieur.

[2] D'autres auteurs soutiennent par contre que, lorsque l'intégration financière est forte, il convient de choisir plutôt les changes flexibles. En effet, les cours de change seraient stables ou prédictibles, les déficits pouvant être financés aisément, sans variations ou perturbations significatives du change ou des taux d'intérêt. Cf. J. SCITOVSKY [1967], "The theory of balance of payments", *Journal of Political Economy*, vol 95.

1- L'approche nominale, une approche par des critères nominaux

En ce qui concerne les critères de Maastricht, il convient également d'examiner la manière dont ils ont été respectés par les différents pays avant l'entrée en vigueur de l'UEM.

a- L'exemple des critères de Maastricht

Le Traité de Maastricht soumet le passage à la troisième phase de l'Union à la vérification préalable par les Etats membres des conditions de convergence. Son article 109 J stipule à cet égard que : *La Commission et l'Institut Monétaire Européen font rapport au Conseil sur les progrès faits par les Etats-membres dans l'accomplissement de leurs obligations pour la réalisation de l'Union économique et monétaire. Ces rapports examinent notamment si la législation de chaque Etat-membre, y compris les statuts de sa banque centrale nationale, est compatible avec les articles 107 et 108 du présent traité et avec les statuts du Système européen de banque centrale. Les rapports examinent également si un degré élevé de convergence durable a été réalisé.* Cet article donne en fait un double sens à la notion de convergence : l'un renvoie à une harmonisation sur le plan juridique (convergence juridique), et l'autre, plus connu, à des critères économiques nominaux. En effet, le traité prévoit que les législations nationales, y compris les statuts des banques centrales nationales, devront être compatibles avec ses articles 107 et 108, ainsi qu'avec les statuts du Système Européen des Banques Centrales (SEBC). Cette compatibilité doit être assurée, notamment en ce qui concerne les objectifs des banques centrales nationales et l'indépendance de celles-ci, de même que les dispositions relatives à l'intégration des banques centrales nationales au sein du SEBC. On se souvient que les Etats membres de l'UEM étaient tenus d'assurer la compatibilité de leur législation au plus tard à la date de mise en place de la Banque Centrale Européenne (BCE). Ils ont dû ainsi se défaire de toutes leurs attributions monétaires, ce qui leur a imposé la mise en conformité des textes législatifs relatifs au monopole d'émission des billets de banque, à la frappe de monnaies divisionnaires, à la gestion des réserves de change et à la politique de change. Le Royaume-Uni et le Danemark ont été exemptés de cette évaluation, au terme de laquelle seule la législation suédoise a été dénoncée comme incompatible avec le traité et les statuts du SEBC. Si l'aspect juridique de la convergence reste peu connu, c'est parce que l'on s'intéresse davantage à l'obligation de convergence en termes nominaux. Selon le traité (articles 104 et 121 CE) cette obligation s'évalue à partir de critères nominaux, lesquels retracent les performances en matière d'inflation, de taux d'intérêt à long terme, de ratios de finances publiques et de stabilité de la monnaie. On distinguait ainsi quatre principaux critères de convergence, à savoir :

1° La réalisation d'un degré élevé de stabilité des prix, ce qui devait ressortir d'un taux d'inflation proche de celui des trois Etats membres présentant les meilleurs résultats en la matière. Le critère stipule que les prix ne doivent pas dépasser de 1,5 point la moyenne des trois meilleurs résultats. Pour sa mise en œuvre, l'évaluation de la stabilité des prix et de la convergence des taux d'inflation a été effectuée sur la base des indices de prix à la consommation harmonisés (IPCH), qui offrent une plus grande comparabilité que les indices nationaux des prix à la consommation. Le taux d'inflation moyen de chaque Etat membre a été calculé comme la variation en pourcentage de l'IPCH moyen au cours des douze derniers mois par rapport à l'indice moyen des douze mois précédents ;

2° Le caractère soutenable des finances publiques, ce qui devait ressortir d'une situation budgétaire n'accusant pas de déficit budgétaire excessif. Dans ce domaine la règle qui a été fixée est que le déficit budgétaire doit être inférieur à 3 % du PIB, et la dette publique inférieure à 60 % de ce même PIB ;

3° Le respect des marges normales de fluctuation prévues par le mécanisme de change du Système monétaire européen pendant deux ans au moins, sans tensions graves et sans dévaluation de la monnaie par rapport à celle d'un autre Etat membre. Il s'est surtout agi de vérifier si un pays a vu s'apprécier l'évolution du taux de change de sa monnaie par référence à une marge de fluctuation fixée à 2,25 % de part et d'autre de son cours central par rapport à la monnaie médiane dans la grille des parités. La période retenue allait de 1996 à 1998 ;

4° Le caractère durable de la convergence atteinte par l'Etat membre et de sa participation au mécanisme de change du SME, ce qui devait se refléter dans le niveau des taux d'intérêt à long terme. La règle qui a été retenue est que ceux-ci ne doivent pas excéder de plus de 2% la moyenne des trois Etats membres qui présentent les meilleurs résultats en matière de stabilité des prix. Il faut rappeler ici que, les taux d'intérêt à long terme sont considérés comme des indicateurs prospectifs pour le jugement porté par les marchés financiers sur la situation économique fondamentale, le caractère durable des résultats obtenus en matière d'inflation et de finances publiques, etc.

b- La convergence nominale avant l'entrée en vigueur de l'UEM

Deux rapports sur l'état de la convergence 1998 ont été présentés le 25 mars 1998, l'un par l'Institut monétaire européen, l'autre par la Commission européenne. Plusieurs rapports complémentaires sur ce sujet ont également été établis par les banques centrales, en particulier la Banque de France et la Bundesbank. Le tableau 6 donne la situation des Etats membres de l'UEM en matière de convergence en 1997 et 1998, c'est-à-dire avant le démarrage effectif de l'UEM le 1er janvier 1999.

Tableau 6 – Situation des Etats membres de l'UEM en matière de convergence (1997 et 1998)

	Inflation	**Situation des finances publiques**						**Taux de change**	**Taux d'intérêt à long terme**
	IPCH	Existence d'un déficit excessif	Déficit en % du PIB	Dette en % du PIB				Participation Au mécanisme de change	
	Janvier 1998		1997	1997	Variation par rapport à l'année précédente			Mars 1998	Janvier 1998
					1997	1996	1995		
Valeur de référence	**2,7**		**3**	**60**					**7,8**
Belgique	1,4	Oui	2,1	122,2	-4,7	-4,3	-2,2	Oui	5,7
Danemark	1,9	Non	-0,7	65,1	-5,5	-2,7	-4,9	Oui	6,2
Allemagne	1,4	Oui	2,7	61,3	0,8	2,4	7,8	Oui	5,6
Grèce	5,2	Oui	4,0	108,7	-2,9	1,5	0,7	Oui	9,8
Espagne	1,8	Oui	2,6	68,8	-1,3	4,6	2,9	Oui	6,3
France	1,2	Oui	3,0	58,0	2,4	2,9	4,2	Oui	5,5
Irlande	1,2	Non	-0,9	66,3	-6,4	-9,6	-6,8	Oui	6,2
Italie	1,8	Oui	2,7	121,6	-2,4	-0,2	-0,7	Oui	6,7
Luxembourg	1,4	Non	-1,7	6,7	0,1	0,7	0,2	Oui	5,6
Pays-Bas	1,8	Non	1,4	72,1	-5,0	-1,9	1,2	Oui	5,5
Autriche	1,1	Oui	2,5	66,1	-3,4	0,3	3,8	Oui	5,6
Portugal	1,8	Oui	2,5	62,0	-3,0	-0,9	2,1	Oui	6,2
Finlande	1,3	Non	0,9	55,8	-1,8	-0,4	-1,5	Oui	5,9
Suède	1,9	Oui	0,8	76,6	-0,1	-0,9	-1,4	Non	6,5
Royaume-Uni	1,8	Oui	1,9	53,4	-1,3	0,8	3,5	non	7,0
Union Européenne	**1,6**		**2,4**	**72,1**	**-0,9**	**2,0**	**3,0**		**6,1**

Source : Service de la Commission européenne

Il en ressort que depuis 1996, date de la publication du rapport de l'Institut Monétaire Européen (IME) sur l'état d'avancement de la convergence en 1996, et janvier 1998, d'importants progrès en matière de convergence ont été réalisés, préalablement à l'entrée en vigueur de l'UEM. Au cours de cette période en effet, le taux de croissance moyen des IPCH dans l'Union est passé de 2,2 % à 1,3 %. Dans quatorze pays membres, la hausse moyenne des IPCH a été inférieure à la valeur de référence. L'écart-type, considéré comme mesure de la convergence, est passé de 1,6 % au dernier trimestre de 1996 à 0,9 % en janvier 1998. Cette convergence des taux d'inflation a été expliquée[1] par les choix effectués en matière de politique économique, en particulier l'orientation de la politique monétaire vers la stabilité des prix. A cela s'ajoutent les réformes entreprises dans le domaine fiscal et budgétaire, l'évolution des salaires et des coûts unitaires de main-d'œuvre, ainsi que la stabilité générale des taux de change. S'agissant de ce dernier facteur, on a constaté en effet que pendant la période de référence, dix monnaies nationales ont participé au SME depuis deux ans au moins, comme l'exige le traité. De plus, chacune de ces monnaies s'est en général échangée à des taux proches des taux bilatéraux, eux-mêmes demeurés stables pendant la période considérée. En outre, les écarts ont toujours été temporaires et ont résulté de mouvements passagers de la Peseta espagnole et du Franc français (début 1996), de l'Escudo portugais (charnière de 1996-1997), et du Mark finlandais (première moitié de 1997) vis-à-vis des autres monnaies du SME. Par ailleurs, en 1997, alors que trois Etats membres enregistraient des excédents budgétaires, onze autres parvenaient à maintenir les déficits de leurs budgets à 3 % du PIB ou au-dessous, conformément à la norme. En proportion du PIB global de l'Union, le niveau du déficit budgétaire est tombé à 12,4 % en 1997, soit une diminution de 1,8 point par rapport à l'année 1996. En outre, et pour la première fois au cours de la décennie, le rapport entre l'endettement public et le PIB a diminué globalement dans l'Union. Mais le ratio endettement public sur PIB se situait encore à 72,1 % en moyenne. Dans trois pays, il était même très supérieur à ce pourcentage. Enfin, des progrès en matière de convergence des taux d'intérêt à long terme ont également été réalisés. Au cours de la période de référence, la moyenne des taux à long terme a été inférieure à la valeur de référence dans

---

[1] Voir Institut Monétaire Européen, *The state of convergence*, 25 mars 1998. On trouvera des extraits dans : *Problèmes économiques*, n° 2.573, 17 juin 1998. pp. 12-15.

quatorze Etats membres. Comme on le sait, cette valeur de référence est constituée par la moyenne arithmétique non pondérée des taux à long terme des trois pays ayant l'inflation la plus faible, majorée de deux points. La moyenne étant 5,8 % (avec 5,6 % en Autriche, 5,5 % en France, et 6,2 % en Irlande), la valeur de référence était égale à 7,8 %. On note que sur la période 1990-1997, les taux ont dans l'ensemble été proches les uns des autres dans un certain nombre de pays. Les évolutions observées étant expliquées par celles des prix et par la stabilité des taux de change, ainsi que par l'amélioration des finances publiques.

2- Les critères nominaux, un dispositif de pilotage utile

La logique à laquelle renvoient les critères ci-dessus a été exposée par certains auteurs, par exemple M. A. BARTHE[1], qui note qu'ils définissent un dispositif de pilotage utile, en ce sens qu'ils permettent d'apprécier la qualité de la combinaison de la politique monétaire et de la politique budgétaire des Etats. En effet, le critère de stabilité des prix et le critère de change ont trait à la politique monétaire, alors que les critères de finances publiques évaluent la politique budgétaire. En outre, le critère des taux à long terme permet de faire une synthèse, puisqu'il reflète la qualité de la signature d'un Etat, telle qu'elle est estimée par les marchés compte tenu des perspectives d'évolution de l'inflation.

Il importe de préciser qu'en matière de politique monétaire, la monnaie unique est vue comme la résultante de la qualité des monnaies des pays participants à l'Union Economique et Monétaire. Pour que celle-ci soit stable, ces monnaies ne doivent pas se déprécier vis-à-vis des biens et des services (critère d'inflation), ni vis-à-vis des autres monnaies européennes (critère de stabilité du change), la monnaie unique supposant une réelle stabilité des taux de change réels bilatéraux entre les pays[2]. Pour le taux de change, celui-ci est effet un indicateur de la perception qu'ont les marchés des résultats macro-économiques d'un pays. Globalement, le critère de stabilité des prix et le critère de change renvoient aux objectifs intermédiaires que se donnent traditionnellement les banques centrales nationales dans la conduite de leur politique

---

[1] Cf. M. A. BARTHE [2000], *Economie de l'Union Européenne*. Paris : Economica. pp. 198-200.

[2] Dans le cas contraire, les pertes de compétitivité qui ne pourraient plus être rattrapées par une dévaluation se traduiraient au niveau de l'économie réelle par de graves problèmes, du genre fermeture d'usine, chômage, etc..

monétaire, et notamment l'objectif interne de croissance non inflationniste de la masse monétaire et l'objectif de stabilité de la valeur externe de la monnaie.

En ce qui concerne par contre la *politique budgétaire*, les critères de finances publiques tentent d'apprécier leur caractère soutenable dans le long terme, c'est-à-dire leur capacité à maintenir une situation saine dans la durée[1]. A défaut de représenter des seuils dont le franchissement serait indiscutablement dangereux, les valeurs retenues constituent des points de repère pour apprécier la situation des finances publiques[2]. Cela s'illustre à partir de l'exemple de la contrainte budgétaire, qui peut s'écrire de la manière suivante :

$$\Delta D = \pm B + (i - y)D.$$

Dans cette relation, D et B représentent respectivement les ratios de dette publique et du solde primaire, exprimés en pourcentage du PIB (déficit budgétaire global moins les versements d'intérêt afférents à la dette publique existante), et $(i - y)$ est la différence entre le taux d'intérêt payé sur l'encours de la dette (i) et le taux de croissance du PIB nominal (y). Lorsque $i = y$, le ratio d'endettement reste stable, mais à la condition que le budget primaire soit équilibré. Par contre, lorsque $i > y$, la charge des intérêts se cumule plus vite que ne croît le PIB. Dans ce cas, le budget primaire doit permettre de dégager un excédent suffisant pour empêcher le ratio dette sur PIB de s'élever. Mais dans le cas où $i < y$, l'équilibre du budget primaire est réalisé et le ratio dette sur PIB enregistre une diminution. En outre, les critères nominaux (comme les critères d'inflation ou de taux d'intérêt à long terme) sont également utiles dans la mesure où ils prennent indirectement en compte les performances réelles (compétitivité, croissance, emploi).

---

[1] M. A. BARTHE indique les différentes raisons pour lesquelles les Etats membres d'une union monétaire doivent rester solvables. Il retient les raisons suivantes : - conserver des marges de manœuvre pour faire face aux transferts inter-temporels de ressources et notamment à l'accroissement des retraites ; - éviter toute interaction avec la politique monétaire commune en n'étant pas trop vulnérable à un relèvement des taux d'intérêt ; - ne pas rencontrer des difficultés de refinancement qui pourraient créer une crise au sein de l'Union, etc. Cf. op. cit., 2000, p. 199.

[2] On apprécie la viabilité dans le temps des situations budgétaires en croisant la dette publique avec l'écart de solde primaire qui mesure la divergence entre le solde primaire pour une année donnée et l'excédent primaire qui permettrait de stabiliser le ratio de dette.

De manière générale, la leçon que l'on peut tirer de l'étude de la notion de convergence est simple, deux approches s'opposent : celle qui l'envisage en termes réels (convergence réelle) et celle qui l'envisage en termes nominaux (convergence nominale). La question qui se pose est alors de savoir quelle est l'approche qui permet une meilleure appréciation de la convergence. En d'autres termes, quel type de convergence convient-il d'adopter dans cette réflexion : convergence nominale ou convergence réelle ?

SECTION 2
LA CONVERGENCE : UNE CONCILIATION POSSIBLE ENTRE LES APPROCHES

Nous verrons qu'il est possible de concilier les différentes approches en présence. A cet effet, nous allons d'abord montrer que la convergence nominale n'est qu'une forme faible de convergence réelle ou structurelle. Ensuite, nous verrons que l'approche réelle est plus indiquée pour l'évaluation de la convergence.

A- LA CONVERGENCE NOMINALE, UNE FORME FAIBLE DE CONVERGENCE REELLE

La convergence nominale est une forme faible de la convergence réelle. D'une part, son efficacité paraît limitée. D'autre part, elle est une forme sans convergence des paramètres structurels.

1- L'efficacité limitée de la convergence nominale

L'efficacité limitée de l'approche par la convergence nominale peut être illustrée par de nombreux faits. Mais préalablement, il sera donné une illustration théorique de l'absence de causalité positive entre convergence nominale et convergence réelle.

a- L'illustration théorique de l'absence de causalité positive

Dans une optique macroéconomique classique, on sait que les mécanismes qui sont au centre des fluctuations conjoncturelles de l'activité sont dissociables de ceux qui influencent le taux de croissance tendanciel ou de longue période. A cet égard, les dynamiques de courte période du marché de la monnaie et du marché des biens peuvent être représentées par les courbes *IS* et *LM*. Par hypothèse, leurs pentes correspondent aux structures macroéconomiques, de même que l'ampleur de leur déplacement suite à une variation unitaire des variables exogènes qui gouvernent leur position. Leur intersection correspond en revanche à l'équilibre de court terme. Il vient que pour deux pays A et B, dont les dépenses gouvernementales et les taxes déterminent la position des courbes *IS*, alors que l'offre de monnaie et le niveau général des prix déterminent celle des courbes *LM*, ces structures sont radicalement différentes, compte tenu des pentes de leurs courbes *IS* et *LM* (graphique 5).

Graphique 5- Convergence nominale et convergence réelle à travers les courbes IS-LM

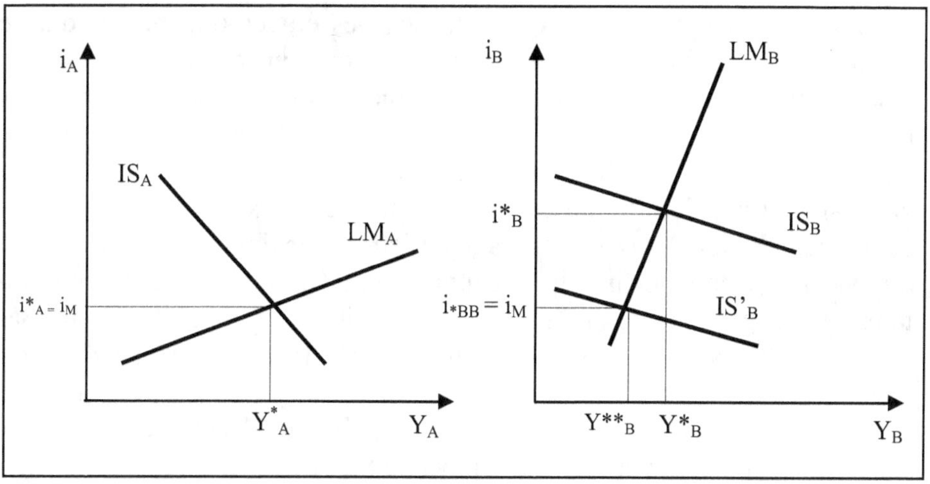

Si l'on considère le critère de convergence basé sur le taux d'intérêt par exemple, celui-ci suppose une contrainte pour le pays ayant le taux le plus élevé de ramener son taux d'intérêt au niveau de celui du pays ayant le taux le plus bas. Il impose ainsi au pays *B* de ramener son taux d'intérêt initial i^*_B au niveau du taux d'intérêt d'équilibre initial du pays *A*, c'est-à-dire à i^*_A. Cette contrainte de convergence s'écrit : $i^*_B=i^*_A=i_M$, où i_M représente le taux retenu pour définir le point de convergence. Si le pays *B* consent de réduire son taux afin de la satisfaire, il peut prendre deux mesures. La première consiste à comprimer la demande de biens, via une réduction des dépenses publiques et/ou un accroissement de la fiscalité. La deuxième revient à déplacer la courbe IS_B vers le bas en IS'_B, ce qui revient au même qu'un accroissement de l'offre de monnaie, qui elle-même est une création d'un potentiel inflationniste sur la moyenne période. Dans le cas où à la suite de ces mesures, les pentes des courbes

IS et *LM* restent inchangées, cela signifie que la convergence de la variable de taux d'intérêt n'a induit aucune convergence des structures macroéconomiques des deux pays. Autrement dit, ces pays ont convergé au regard du critère nominal de taux d'intérêt sans qu'il y ait eu pour autant une convergence structurelle. Ainsi, la mise en place d'une politique monétaire unique ou bien l'apparition de chocs symétriques sur le marché des biens et/ou le marché de la monnaie auront des conséquences très contrastées sur les deux pays.

b- L'illustration par les faits

La littérature sur l'économie européenne offre de nombreux exemples empiriques sur ce qui précède. Des études ont montré que le renforcement de la convergence nominale en Europe dans les années quatre-vingt s'est effectué au détriment du rapprochement des performances réelles. Les efforts très soutenus effectués en matière de désinflation et de stabilité du change ont eu un impact négatif sur la croissance (biais déflationniste). Dans le cas des pays en rattrapage et qui subissaient *l'effet Balassa*, l'ancrage de leur monnaie à la monnaie stable du système a en effet induit mécaniquement une appréciation réelle du taux de change, et donc une perte de compétitivité. Cela a été illustré par les crises du Système monétaire européen (SME) de 1993-1994. Entre 1987 et 1992, la remarquable stabilité des changes s'est accompagnée d'une perte de compétitivité liée à l'appréciation réelle de plusieurs monnaies, spécialement celles des pays du Sud de l'Europe, en rattrapage ou non. Cette situation a par la suite débouché sur les crises du SME.

Par ailleurs, on peut aussi noter que la restriction budgétaire se traduit généralement par une diminution des dépenses d'investissement dans les pays en rattrapage et de celles qui sont réputées non immédiatement rentables, comme les dépenses d'éducation, de formation et de recherche-développement. Or les modèles de croissance endogène mettent en avant le rôle fondamental de ces dépenses, surtout pour les pays en rattrapage qui ne doivent pas voir les restrictions budgétaires se faire au détriment des dépenses de développement[1]. C'est pourquoi nombre d'économistes ont avancé l'idée selon laquelle il conviendrait de mettre en œuvre des politiques économiques différentes d'un pays à l'autre pour un réel rattrapage. Ceci car, en cas de chocs asymétriques,

[1] On peut vérifier ceci en analysant l'évolution du ratio FBCF/PIB

l'existence de politiques communes serait un obstacle difficile à surmonter, compte tenu des différences structurelles liées aux industries, à l'organisation des entreprises et à l'insertion dans la division internationale du travail.

Le tableau 6 suggère que les conditions d'ensemble d'une croissance non inflationniste se sont améliorées dans la période qui a précédé l'entrée en vigueur de l'UEM, du fait du respect par la plupart des pays membres des critères nominaux de convergence. Mais cette évolution a montré en même temps combien il était nécessaire de poursuivre les ajustements et de les amplifier[1]. Elle a montré en effet qu'une *action vigoureuse et soutenue sur les structures de l'économie [était] nécessaire*, en raison du niveau de certains indicateurs économiques, et notamment sur le chômage, qui est demeuré persistant avec des taux parfois très élevés (graphique 6).

Graphique 6- Taux de chômage comparé des pays à monnaie forte

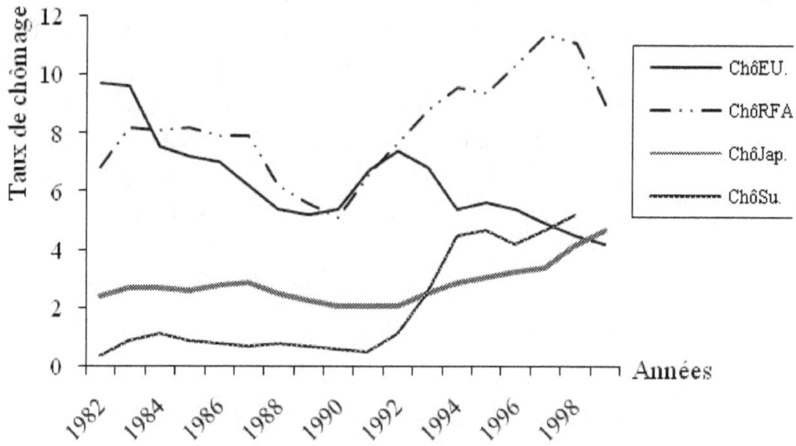

Source des données : Eurostat; Comité Monétaire de la Zone Franc, Rapports Annuels; FMI, Statistiques Financières Internationales

Selon les analyses faites par l'IME et d'autres organisations internationales, le chômage qui prévalait était en grande partie de nature structurelle, ce qui rendait indispensable l'amélioration du

---

[1] Tel est le constat fait par l'Institut Monétaire Européen dans *The state of convergence*.

fonctionnement des marchés du travail, notamment par la réduction au minimum de leurs rigidités structurelles. Il en est de même de l'évolution démographique, qui pesait de plus en plus sur la dépense publique, ainsi que du niveau élevé de l'endettement public qui en découlait. Or un assainissement durable des finances publiques était difficile à réaliser si des réformes structurelles n'étaient pas menées avec assez de vigueur. On sait en effet que le problème à résoudre dans ce cas réside dans le poids croissant dû au vieillissement de la population et le niveau élevé de l'endettement, le besoin de réformer les entreprises publiques non rentables, etc. Un assainissement durable des finances publiques nécessite donc des réformes structurelles permettant de diminuer l'accroissement des besoins nets d'emprunt de l'Etat. C'est d'ailleurs la raison pour laquelle les auteurs du Traité de Maastricht se sont intéressés également aux aspects structurels de la convergence, puisqu'on y évoque, notamment en ce qui concerne l'examen de passage à la phase III de l'Union, la prise en compte de critères pouvant revêtir un caractère réel – évolutions relatives à l'intégration des marchés, situation et évolution des balances de paiements courants, etc. Le traité a également prévu des « fonds structurels » pour apporter une réponse appropriée au maintien d'un niveau suffisant d'investissement dans les pays les plus pauvres de l'Union. L'objectif de ce dispositif était plus précisément de faire en sorte que les pays en retard de développement disposent d'infrastructures et de main-d'œuvre qualifiée suffisantes, susceptibles d'accroître leur productivité. L'importance de ces fonds s'est considérablement accrue depuis leur création, par exemple entre 1993 et 1999, où leur part dans le budget de l'Union européenne est passée de 31 % à 36 %, alors que la part des dépenses relatives à la politique agricole diminuait de 51 % à 46 %.

Globalement, le dispositif d'aide au développement a été renforcé avec l'entrée en vigueur du Traité, qui a créé un *Fonds de cohésion économique et sociale* (titre XIV, article 130.D), en tant qu'instrument d'aide communautaire. Celui-ci a reçu pour mission de financer les projets d'infrastructures dans les Etats membres les plus pauvres ou *pays de la cohésion* – Espagne, Portugal, Grèce et Irlande. Il doit continuer à soutenir le rattrapage pour les pays membres dont le PIB par tête est inférieur à 75-90 % de la moyenne communautaire. Ses aides étaient conditionnées par le respect des engagements budgétaires définis dans les programmes de convergence desdits pays. Alors que ces programmes eux-mêmes voudraient permettre aux pays membres de satisfaire les critères de passage en phase III. Les projets éligibles sont ceux qui portent sur la reconstruction des zones en déclin industriel, la lutte contre le chômage et l'exclusion, l'insertion des jeunes, la formation des travailleurs non qualifiés, l'adaptation des structures rurales et de la pêche, la diversification des zones rurales vulnérables et le développement des régions à très faible densité de population.

Tous ces faits illustrent l'absence de causalité positive entre la convergence nominale et la convergence réelle. Ils conduisent cependant à une interrogation sur la question de savoir si à l'inverse, la convergence réelle, entendue par exemple au sens de processus d'intégration commerciale, ne présente pas de risque, spécialement d'une inégalité accrue entre les régions. En effet, sur longue période, de 1950 à 1990, on a observé qu'un processus de convergence a bien pris place en Europe. Mais le rattrapage entre régions pauvres s'est effectué à un rythme lent, l'écart de revenu ne s'étant comblé que d'environ 2 % par an selon X. SALA-i-MARTIN[1]. Il semble même que la vitesse de convergence entre les régions européennes a diminué et serait tombée à 1,3 % entre 1978 et 1992. On a lié ce ralentissement à une absence de convergence entre régions riches et pauvres d'un même pays, alors que la convergence entre pays se poursuivait comme le montre le rattrapage réalisé par les quatre pays les plus pauvres de l'Union Européenne depuis 1983 (tableau 7).

Tableau 7- PIB par habitant en % de la moyenne des 15 pays de l'Union Européenne

Années	Grèce	Espagne	Portugal	Irlande
1983	61,9	70,5	55,1	63,6
1995	64,3	76,2	68,4	89,9

Source : Commission européenne, *Rapport sur la cohésion économique et sociale*

D'après les travaux de D. NEVEN et C. GOUYETTE[2], un processus de divergence serait même à l'œuvre entre régions. La moitié de l'inégalité des revenus entre régions de l'Union européenne correspondrait aux différences de revenus à l'intérieur de chaque pays.

[1] Cf. SALA-i-MARTIN, Xavier [1996], "Regional cohesion : evidence and theories of regional growth and convergence", *European Economic Review*, vol. 40, n° 6, juin.

[2] Cf. D. NEVEN et C. GOUYETTE [1995], *Journal of common, market studies*, n° 33(1), mars.

Ces disparités internes auraient augmenté au cours des années 80. On a observé en même temps que les disparités régionales en termes de chômage ont eu elles aussi tendance à augmenter, tout se passant alors comme si, dans les pays les plus pauvres, seules les régions les plus riches bénéficiaient d'un processus de convergence avec les pays riches. En outre, ceux qui avaient une croissance agrégée plus rapide que celle de la Grèce – cas de l'Espagne et du Portugal – ont également connu une augmentation plus forte des inégalités régionales. On peut alors penser qu'il existe un arbitrage entre croissance globale et équité régionale, ce qui expliquerait le fait que le processus de convergence ne se soit pas montré uniforme au cours du temps. En effet, on a observé que, pendant les périodes de reprise – cas de la deuxième moitié des 80, les inégalités régionales ont eu tendance à s'accroître, alors qu'elles ont diminué pendant les phases de récession du début des années 90.

Pour des auteurs comme P. KRUGMAN[1], ces évolutions peuvent se comprendre à partir de la *nouvelle géographie*, qui est fondée sur l'hypothèse des rendements croissants, laquelle permet d'expliquer l'apparition de dynamiques de divergences régionales. En présence d'économies d'échelle, il y a du côté des entreprises une incitation à la concentration de leur production. L'intégration commerciale, en diminuant les coûts de transaction entre régions, facilite ces évolutions, dans la mesure où il devient plus facile d'exporter d'une région à une autre, de sorte que les entreprises préfèrent se localiser dans les régions riches à forte demande. Ce phénomène de concentration est auto-entretenu. Au fur et à mesure que les activités et les travailleurs se déplacent vers les régions riches, leur marché et donc leur attractivité augmentent (P. KRUGMAN et P. VENABLES[2]). Par ailleurs, une géographie économique plus concentrée spatialement serait à bien des égards plus efficiente, puisque la concentration géographique des activités est susceptible de stimuler la croissance, grâce à la réduction des coûts d'investissement, matériel ou immatériel. En effet, elle permet de favoriser les interactions entre agents économiques, comme l'ont montré P. MARTIN et GIANMARCO OTTAVIANO [1996], à partir des enseignements de la théorie de la croissance endogène et de ceux de la

---

1 Cf. P. KRUGMAN [1991], *Geography and trade*, MIT Press.

2 Cf. KRUGMAN, Paul et VENABLES, Antony [1995], "Globalization and the inequality of nations", *Quarterly Journal of Economics*.

nouvelle géographie, relatifs aux économies d'échelle. On cite le cas de la Silicon Valley aux Etats-Unis, comme exemple intéressant de réussite de la concentration géographique, car cette dernière y a permis de nombreuses interactions, qui ont favorisé un processus d'innovations technologiques sans précédent.

Compte tenu de cela, les théories de la nouvelle géographie proposent des politiques régionales visant à augmenter l'attractivité des régions pauvres afin d'éviter le risque de divergence régionale. Ces politiques doivent surtout encourager les investissements communautaires dans le développement des infrastructures publiques, en particulier dans le domaine des transports. Celles-ci sont considérées comme complémentaires au capital privé. Les études empiriques montrent qu'il existe une corrélation positive entre elles et l'investissement privé. Elles sont supposées augmenter le rendement de ce capital, inciter à une rapide accumulation et stimuler la croissance. En outre, les modèles de convergence conditionnelle aux stocks d'infrastructures publiques (BARRO et SALA-i-MARTIN[1] [1995]) permettent de mesurer la vitesse de convergence entre régions ou entre pays à stock d'infrastructures publiques identique. Sur la période 1978-1992, égaliser les stocks d'infrastructures publiques de transport aurait permis de faire passer la vitesse de convergence de 1,3 % à 2 % par an. Ces évolutions vont à contre courant de la théorie économique classique, qui met plutôt l'accent sur les gains liés à une libéralisation des échanges, laquelle permet une spécialisation selon les avantages comparatifs et bénéficie également aux régions les moins développées.

En définitive, même si la convergence réelle n'est pas toujours idéale, la convergence nominale demeure d'une efficacité limitée. Comme nous allons le voir, c'est une forme qui n'engendre pas la convergence des paramètres structurels.

2- La convergence nominale, une forme sans convergence des paramètres structurels

Si l'on considère à nouveau les pays *A* et *B*, le choix du pays *B* de ramener son taux d'intérêt à un niveau exogène et correspondant au niveau du taux d'intérêt du pays *A* ne renvoie qu'à une forme faible de convergence structurelle. Dans cette dernière, certaines fonctions des

[1] Cf. BARRO et SALA-i-MARTIN [1995], *Economic Growth*, McGraw Hill.

paramètres représentatifs du pays *B* ont tendance à s'aligner avec des fonctions des paramètres représentatifs du pays *A*. Pour le montrer, nous verrons d'abord le lien entre la convergence nominale et la convergence structurelle, avant de déterminer la nature de celui-ci.

a- Le lien entre la convergence nominale et la convergence structurelle

L'objectif à ce niveau n'est pas de mettre en évidence les effets de la convergence nominale sur la convergence structurelle, et vice-versa. Il s'agit simplement de donner formellement une présentation détaillée de ce lien à partir d'une maquette simplifiée du fonctionnement de deux économies. Cette maquette prend en compte à la fois les paramètres structurels représentatifs des goûts des autorités nationales, des mécanismes macro-économiques et des chocs qui affectent ces économies. Dans cette optique, on fait les deux hypothèses suivantes.

Premièrement, avant l'instauration des critères de convergence nominale, chacun des deux pays (*A* et *B*), que nous désignerons par la suite par $i = 1, 2$, possédait une variable cible (x_i) et une variable de politique économique (p_i). Ceci permet de schématiser le fonctionnement des économies considérées par un modèle théorique de la forme :

$$x_i = \alpha_i p_i + \mu_i \ ; \qquad i = 1, 2 \quad . \qquad \textbf{(5)}$$

les paramètres α_i et μ_i, mesurant respectivement l'effet multiplicateur d'une modification de la variable de politique économique sur la cible dans le pays i ($\alpha_i > 0$, $i = 1, 2$), et le choc exogène sur le pays *i*. Ce modèle suppose qu'il existe une fonction de perte des autorités (f_i), qui est elle-même de la forme :

$$f_i(x_i, p_i) = (x_i - \bar{x}_i)^2 + c_i\,(p_i)^2 \ ; \quad i = 1, 2 \qquad \textbf{(6)}$$

où c_i est un paramètre représentatif du poids relatif associé à la variation de la politique économique par rapport à l'écart entre les valeurs effectives et désirées (x_i) de la cible dans le pays i ($c_i > 0$, $i = 1, 2$).

Par souci de simplification, nous supposons qu'il n'existe pas une interdépendance entre les deux pays, tant au niveau des mécanismes macroéconomiques qui déterminent la valeur de la variable *x* qu'au niveau des fonctions-objectifs des autorités. Une telle restriction permet de ne pas soulever la question de la coordination des politiques économiques. Ainsi, la structure des économies est donnée par la forme des fonctions-objectifs des autorités, la forme des mécanismes macroéconomiques fondamentaux, et par les valeurs des paramètres d'intérêt, ainsi que par la nature des chocs. Dans la mesure où les fonctions-objectifs et les mécanismes macroéconomiques sont supposés être les mêmes, les différences structurelles des pays se limitent aux valeurs prises par les paramètres α_1, α_2, c_1, c_2, les valeurs désirées des variables x_i, à savoir $\overline{x_1}$ et $\overline{x_2}$, ainsi que par les chocs μ_1 et μ_2. Il en résulte qu'avant l'instauration des critères de convergence nominale, le niveau optimal de la variable de politique économique dans chacun des deux pays peut être donné par la relation (7) suivante[1] :

$$P^*_i = \frac{\alpha_i}{\alpha_i^2 + c_i}(\overline{x_i} - \mu_i) \; ; \qquad i = 1, 2. \qquad (7)$$

Deuxièmement, l'instauration de critères de convergence nominale correspond pour chacun des pays à une contrainte de faire converger la valeur prise par la variable x_i vers la valeur $\overline{x}_M$ fixée de manière exogène par les pouvoirs publics des deux pays formant l'union. L'intégration de cette contrainte dans la maquette théorique ci-dessus revient à considérer que la fonction de perte des autorités incorpore désormais un terme supplémentaire représentant la divergence par rapport au critère, ce qui conduit à une nouvelle écriture des fonctions de perte des autorités nationales.

$$f_i = (x_i - \overline{x}_i)^2 + c_i(p_i)^2 + d_i(x_i - \overline{x}_M)^2, \quad i = 1, 2 \qquad (8)$$

Dans ces conditions, la solution optimale du programme de chacun des deux pays est donnée par l'équation (9) ci-dessous.

$$p_i = \frac{\alpha_i}{\alpha_i^2(1+d_i)+c_i}\left\{\overline{x}_i + d_i\overline{x}_M - (1+d_i)\mu_i\right\} \qquad (9)$$

Ainsi la valeur de la variable de politique économique permettant de vérifier le critère de convergence instauré ($x_i = \overline{x}_M$) s'écrit (à partir de l'équation ***(5)***) :

[1] Cette relation s'obtient en minimisant la fonction de perte, soit en calculant $f_i = 0$ et en remplaçant x_i par sa valeur dans f'.

$$p_i = \overline{p}_{i,M} = \frac{\overline{x}_M - \mu_i}{\alpha_i}, \qquad i = 1, 2 \qquad \textbf{(10)}$$

Si l'on suppose que les deux pays convergent au sens des autorités et vérifient simultanément le critère, il vient que $x^*_i = x_M$ avec $i = 1, 2,$ ou encore $p_i^* = \overline{p}_{i,M}$ avec $i = 1, 2$, selon les équations ***(9)*** et ***(10)***. Dans ce cas, nous avons :

$$\frac{\alpha_i}{\alpha_i^2(1+d_i)+c_i}\left\{\overline{x}_i + d_i\overline{x}_M - (1+d_i)\mu_i\right\} = \frac{\overline{x}_M - \mu_i}{\alpha_i}, \quad i = 1, 2 \qquad \textbf{(11)}$$

Dans la mesure où cette égalité est vérifiée pour chacun des deux pays, la valeur de x_M tirée de chaque égalité conduit finalement à l'égalité :

$$\frac{\alpha_1^2}{\alpha_1^2 + c_1}\left(\overline{x}_1 + \frac{c_1}{\alpha_1^2}\mu_1\right) = \frac{\alpha_2^2}{\alpha_2^2 + c_2}\left(\overline{x}_2 + \frac{c_2}{\alpha_2^2}\mu_2\right),$$ égalité qui elle-même peut encore s'écrire :

$$g(\alpha_1, c_1, \overline{x_1}, \mu_1) = g(\alpha_2, c_2, \overline{x_2}, \mu_2) \qquad \textbf{(12)}$$

A partir de cette dernière écriture (équation ***(12)***), on voit que le respect par les deux pays du critère de convergence instauré correspond à une forme de convergence structurelle très agrégée[1]. En effet, il y a un alignement effectif d'une fonction *g (.)* de l'ensemble des paramètres structurels du pays 1 avec la même fonction *g(.)* de l'ensemble des paramètres structurels du pays 2. Comme la forme des modèles structurels est identique, on comprend pourquoi la forme de la fonction est ici identique dans les deux pays. Mais cette convergence n'est qu'une forme faible de la convergence structurelle.

b- La nature du lien

En effet, les paramètres structurels eux-mêmes ne convergent pas, mais l'on peut observer une convergence au niveau des fonctions particulières de ces paramètres. Il suffit d'examiner la convergence structurelle des paramètres représentant les valeurs-objectifs retenues par les deux pays pour les variables x_i. A cet effet, en réécrivant l'équation

[1] Il y a ici une égalité des fonctions sur le plan de la forme, mais avec des paramètres structurels différents

précédente de manière à mettre en correspondance les valeurs désirées de la variable x_i dans chacun des pays, on obtient l'équation *(13)*.

$$\overline{x_1} = \frac{\alpha_2^2(\alpha_1^2 + c_1)}{\alpha_1^2(\alpha_2^2 + c_2)}\overline{x_2} + \frac{c_2(\alpha_1^2 + c_1)\mu_2 - c_1(\alpha_2^2 + c_2)\mu_1}{\alpha_1^2(\alpha_2^2 + c_2)}$$

$$\overline{x_1} = \lambda_{12}\,\overline{x_2} + \mu_{12} \qquad (13)$$

où λ_{12} et μ_{12} sont des paramètres composites, dont la valeur est déterminée par l'ensemble des paramètres structurels du modèle. Cette équation montre que, si les paramètres structurels ($\alpha_1, \alpha_2, c_1, c_2$) et les chocs structurels (μ_1, μ_2) sont constants, le respect du critère de convergence nominale par les deux pays correspond à une convergence partielle des valeurs-objectifs retenues pour la variable x_i dans la fonction de perte. Cette convergence partielle devient une convergence parfaite de ces deux éléments structurels dans le cas où λ_{12} et $\mu_{12} = 0$. Mais lorsque les chocs affectant les deux économies sont nuls $(\mu_1 = \mu_2 = 0)$ et que les valeurs désirées de la variable x_i sont initialement identiques dans les deux pays ($\overline{x_1} = \overline{x_2}$), cette équation s'écrit alors :

$$\alpha_1^2(\alpha_2^2 + c_2) = \alpha_2^2(\alpha_1^2 + c_1) \qquad (14)$$

L'équation *(14)* ainsi obtenue montre quant à elle que le respect du critère de convergence nominale correspond à la convergence de la combinaison des paramètres structurels sans qu'il ait en même temps convergence des paramètres structurels pris séparément.

En fin de compte, il apparaît que la convergence nominale n'est pas équivalente à une convergence structurelle forte, dans laquelle les paramètres structurels fondamentaux des économies sont homogénéisés ou tout simplement proches. Elle ne peut correspondre le cas échéant qu'à une convergence structurelle faible, dans laquelle seules les combinaisons particulières de ces paramètres tendent à se rapprocher. Elle ne recouvre donc que partiellement le contenu du concept de convergence, notamment au sens de la littérature économique en général, et de la théorie des zones monétaires optimales en particulier. Si la zone euro a été définie comme une zone monétaire optimale du fait du respect par l'ensemble des pays membres des critères de convergence, force est de constater que le respect des critères nominaux ne permet pas de qualifier une zone monétaire d'optimale. En outre, toutes les variables retenues dans ces critères et considérées comme variables cibles, sont en partie temporairement «manipulables» par des stratégies de politique monétaire et budgétaire spécifiques[1]. A cet égard, les critères nominaux ne sont que peu informatifs pour l'évaluation du degré de convergence des structures macroéconomiques des pays membres d'une union monétaire. C'est pourquoi, il convient de s'intéresser davantage à la convergence structurelle entre les pays, c'est-à-dire au *rapprochement des structures macroéconomiques fondamentales des économies, ces structures étant considérées comme les mécanismes macroéconomiques fondamentaux qui sont à l'œuvre dans la régulation des chocs à l'intérieur de chaque Etat*[2].

B- LA CONVERGENCE COMME TENDANCE VERS UN EQUILIBRE

La convergence réelle ou structurelle peut être considérée comme un processus dynamique en cours de réalisation, ou d'ajustement du système économique vers un équilibre.

1- La convergence processus d'ajustement du système économique

Le concept de convergence trouve ses fondements théoriques ainsi que nous l'avons vu dans les théories de la croissance et celles des zones monétaires optimales. Selon ces dernières, l'instauration d'une monnaie unique est conditionnée par la capacité des économies considérées à renoncer, avec un coût nul ou faible, à la variable d'ajustement que constitue le taux de change ainsi qu'aux marges de manœuvre spécifiques à chaque économie en matière de politique monétaire. De nombreux travaux ont tenté de clarifier les conditions théoriques de l'existence d'une zone monétaire. Rappelons que dans l'approche de MUNDELL, deux conditions sont retenues : un faible degré d'asymétrie des chocs économiques et une flexibilité du marché du travail. L'idée de

---

[1] Le degré de rapprochement s'apprécie à partir des écarts entre les valeurs prises par certaines variables dans différents pays (taux de change et taux d'inflation) et entre les valeurs prises par d'autres variables et des limites fixées de manière exogène (déficit public et endettement public). Il est évident au moins en ce qui concerne les limites que celles-ci, ne sauraient non seulement refléter le rapprochement réel des économies, mais surtout demeurer à l'abri d'arrangements gouvernementaux.

[2] Selon C. TAVERA [1999], op. cit. p. 5.

base étant que la convergence est un processus d'ajustement d'un système économique vers un équilibre. En tant que processus, elle concerne spécifiquement l'ajustement de celui-ci vers une situation finale, qui constitue un point d'équilibre du système. Elle est considérée comme une période transitoire du processus pendant lequel une variable ou un ensemble de variables représentatives de l'état du système économique se rapproche de sa position d'équilibre. Mais, elle est surtout entendue comme la propriété du système à rejoindre cet équilibre. A cet égard, deux points importants méritent d'être examinés : d'une part la notion d'équilibre et la forme du processus, et d'autre part le problème de la stabilité de l'équilibre.

a- La notion d'équilibre et la forme du processus

L'équilibre est une notion centrale de l'analyse économique. Il décrit des situations qui servent de référence à l'économiste pour étudier les situations concrètes. On peut dire avec B. GUERRIEN[1] qu'il désigne *des situations où 'rien ne bouge', car les agents ne sont pas inciter à modifier leurs plans, compte tenu de l'information dont ils disposent et des contraintes qu'ils subissent.* C'est donc une situation où il y a compatibilité entre les plans des agents. Les équilibres apparaissent à cet égard comme l'aboutissement d'un processus et des pôles d'attraction du système économique. Voilà pourquoi la première idée qui vient à l'esprit quand on parle de convergence est celle d'une évolution ou d'une dynamique vers une situation ultime, qui elle-même correspond à ce que l'on appelle en théorie du chaos[2] *attracteur*. Ce terme peut se définir comme le sous-ensemble de points vers lequel convergent toutes les trajectoires d'un système dynamique. Etant défini en termes de limite asymptotique, il représente le comportement de long terme du système dynamique[3]. Il convient cependant de noter qu'il existe différents types

---

1 Cf. Bernard GUERRIEN (2002), *Dictionnaire d'analyse économique (microéconomie, macroéconomie, théorie des jeux*, etc.). Paris : La découverte, p. 195.

2 Nous n'entrerons pas ici dans les développements relatifs à la théorie du chaos. On pourra les trouver par exemple chez Abraham-Frois et Berrebi Edmond (1995), *Instabilité, cycles et chaos*. Paris : Economica.

3 Plus formellement, on retient la définition suivante : « Soit l'application f telle que : $x_{t+1} = f(x_t)$

Un ensemble A compact est un attracteur s'il existe un ensemble U au voisinage de A dans l'espace des phases tel que : $f^t(x) > A$ quand $t \rightarrow \infty$ pour $x \in U$; $f^t(x)$ étant l'itéré d'ordre t de f. L'union de tous les voisinages U de A constitue le bassin d'attraction de

d'attracteurs. Le point fixe constitue l'attracteur typique des modèles linéaires et est la solution privilégiée d'un grand nombre de modèles économiques. Il est celui vers lequel sont attirées les trajectoires du système et reflète par conséquent une solution indépendante du temps. Il importe aussi de préciser que les équilibres ne sont que des cas particuliers de la forme du processus. En effet, le processus peut être décrit par une relation de récurrence pouvant s'écrire :

$$X_{t+1} = g(X_t) \qquad \textbf{(15)}$$

où X_t est le vecteur de R^n correspondant aux valeurs prises par n variables du système à l'instant t. Si l'on suppose que la fonction $g(.)$ demeure invariante dans le temps, c'est-à-dire qu'elle n'est pas influencée par la manière dont évoluent les variables du modèle, un vecteur X est un équilibre du système si celui-ci demeure invariant au cours du processus décrit par la relation ***(15)***, autrement dit si

$$X = g(X) \qquad \textbf{(16)}$$

Ceci parce que l'on peut vérifier par récurrence que si à un instant t donné, $X_t = X^*$, alors $X_T = X^*$ pour $T > t$, cela signifie que si le processus atteint à un moment quelconque la position X^*, alors il y reste par la suite : c'est la définition même de l'équilibre. Or on sait qu'en mathématiques, les vecteurs X^* qui vérifient la relation ***(15)*** sont appelés *points fixes* de la fonction $g(.)$. C'est pourquoi que la recherche des équilibres d'un système est souvent ramenée à celle des points fixes d'une fonction, qui représente un processus particulier. Cette démarche a été utilisée par les grands théoriciens de l'équilibre, notamment J. NASH, dans le cas de la théorie des jeux[1], et ARROW-DEBREU, dans le cas de la concurrence parfaite[2]. La démonstration de l'existence d'équilibres s'appuie alors sur le théorème du point fixe qui est valable si la fonction $g(.)$ est continue et si les trajectoires $\{X_t\}$ sont bornées. Si la fonction $g(.)$ est continue et si une trajectoire $\{X_t\}$ converge vers un « point » X, alors celui-ci est forcément un équilibre du processus défini par la

A » ; Cf. S. LARDIC et U. MIGNON (2002), *Econométrie des séries temporelles macroéconomiques et financières*, Paris : Economica. p. 386.

[1] Cf. Joseph KENNETH ARROW et Gerard DEBREU [1954], "Existence of Equilibrium for a competitive economy", *Econometrica*, n° 22, pp. 265-290.

[2] Cf. J. NASH [1951], "Non cooperative games", *Annals of mathematics*, n° 54. pp. 286-295.

relation *(16)*. La vérification peut se faire en considérant que si X_t tend vers X, il en est de même de X_{t+1}, de sorte que la relation ***(15)*** s'écrit après «passage à la limite», $X = g(X)$. Il convient cependant de noter que toute trajectoire ne converge pas vers un équilibre, de même que tout équilibre ne converge pas forcément vers un autre équilibre. Par conséquent, le concept de convergence ne peut correspondre qu'à la stabilité du processus et/ou de l'équilibre.

b- La stabilité du processus et/ou de l'équilibre

La stabilité est un problème autrement plus complexe que celui de l'existence de l'équilibre. Ce problème est souvent abordé de plusieurs manières, selon les questions auxquelles on voudrait apporter des réponses. Deux questions principales préoccupent cependant les économistes. La première est celle de savoir si les trajectoires ou solutions associées au processus considéré convergent, du moins pour certaines des « valeurs initiales » que peuvent prendre les variables étudiées (prix, quantités). La seconde par contre est de savoir si un système à l'équilibre à un moment donné tend à revenir l'équilibre, après que certaines de ses variables aient été modifiées, par exemple à la suite d'un choc.

Par rapport à ces préoccupations, on sait qu'un processus défini par une relation de la forme $X_{t+1} = g(X_t)$ est stable sur une partie de F de R^n s'il converge quel que soit le vecteur de conditions initiales X_o appartenant à F. Lorsqu'il y a convergence, il tend vers un équilibre sans généralement l'atteindre, ou s'il le fait à l'infini. En revanche, un équilibre X^* du processus défini par la relation $X_{t+1} = g(X_t)$ est stable sur une partie de F de R^n si toutes les trajectoires X_t qui ont pour conditions initiales un élément X appartenant à F convergent vers X^*. Dans le cas de la «stabilité à la Liapounov», souvent illustrée par le mouvement perpétuel d'une pendule, les trajectoires ou solutions du système demeurent toutes dans une boule quelconque centrée en X, lorsqu'on choisit des conditions initiales suffisamment proches de l'équilibre X. Cette stabilité ne suppose nullement la convergence des trajectoires, mais implique que celles-ci demeurent aussi proches qu'on le veut de l'équilibre si les conditions initiales sont suffisamment proches de lui.

En tant que processus qui conduit à l'équilibre, qui lui-même est formellement la solution d'un système d'équations, la convergence interpelle généralement l'économiste par rapport à trois principales questions. Il y a d'abord celle des mécanismes économiques qui sont à la base de l'évolution[1], comme les mécanismes de régulation des excès d'offre et de demande par les marchés. Il y a ensuite celle relative aux déterminants de la situation finale – qui fera l'objet du second chapitre. Il y a enfin la question relative à la situation vers laquelle se fait l'évolution, qui revient à préciser la définition de la convergence par une caractérisation de son point limite. Cette dernière question est celle de l'arbitrage entre l'équilibre de NASH et l'équilibre au sens de Walras, question sur laquelle il convient de s'attarder avant d'examiner les fondements l'évaluation de la convergence en zone Franc.

2- L'ajustement vers l'équilibre : de Walras ou de Nash ?

Les théories économiques retiennent différentes notions d'équilibre qui peuvent être ramenées à deux principaux types d'équilibre : l'équilibre de Nash ou équilibre non coopératif ; et l'équilibre walrasien ou équilibre concurrentiel. Le premier type est inefficace alors que le deuxième présente un avantage.

a- L'équilibre de Nash : un équilibre non efficace

L'équilibre non coopératif est un concept de la théorie des jeux. Une situation de jeu est celle où les actions d'un groupe d'agents déterminent ensemble les niveaux de satisfaction individuelle qu'ils obtiendront. Les agents se trouvent ainsi dans une situation d'interdépendance stratégique, puisque ce que chacun a intérêt à faire dépend de ce que font les autres, et que chacun est amené à se demander comment les autres réagiront à sa propre action. On doit à la situation de duopole analysée par Cournot en 1938 la première formalisation explicite d'un problème de jeu et la première mise en évidence d'un équilibre non coopératif. Nash démontra en 1953 l'existence d'un équilibre en l'associant à un couple d'action. Dans l'équilibre non coopératif, auquel il associe son nom, chaque joueur choisit son action optimale en prenant comme donnée l'action de son partenaire.

Ce type d'équilibre comme le deuxième présente l'avantage indéniable de reposer sur le principe de comportements individuels supposés rationnels. Il suppose en effet que chaque agent cherche à tirer le meilleur profit de la situation où il se trouve, ce qui se traduit

[1] Nous ne nous intéresserons pas à cette question ici.

formellement par l'hypothèse d'un comportement de maximisation. Il repose en plus sur un principe d'interaction qui décrit la manière dont les agents coordonnent leurs décisions et leurs actions. Dans la mesure où chaque agent prend comme données les actions des autres, ce type est néanmoins moins efficace. En effet, une allocation de ressources permettant aux agents d'atteindre une utilité plus élevée n'est accessible que par une coopération des joueurs. Or une telle coopération n'est pas possible, car si les joueurs s'entendent pour coopérer et déterminent en commun les actions de chacun, un au moins des agents sera tenté de modifier son action. Finalement, la solution coopérative ne sera pas stable. C'est la raison pour laquelle les économistes ont tendance à penser que c'est l'équilibre non coopératif qui constitue l'issue probable du jeu.

b- L'équilibre walrassien : un équilibre avantageux

Par contre, l'équilibre concurrentiel permet de définir la situation finale de la convergence d'un processus à partir d'une situation d'équilibre de marché, qui garantit une allocation efficace des ressources[1] au sens de Pareto, conformément à l'intuition de la main invisible du marché d'Adam Smith. Cet équilibre décrit des échanges des biens qui s'effectuent dans une économie de marché où règne la concurrence parfaite. Les offres et les demandes exprimées par les agents étant fonction des prix, l'équilibre est atteint lorsque ceux-ci sont fixés à des niveaux qui assurent l'égalité de l'offre et de la demande. Pour l'ensemble des marchés, il correspond à un ensemble de prix et de quantités échangées telles que, pour les prix considérés : - les producteurs maximisent leur profit, sous la contrainte technologique que constitue leur fonction de production ; - les consommateurs maximisent leur utilité sous la contrainte de budget ; - l'offre est égale à la demande sur tous les marchés[2].

---

[1] Le critère de Pareto permet de comparer certaines des affectations des ressources disponibles entre les membres d'une société. C'est un critère « unanimiste », car pour Pareto, une affectation des ressources est préférable à une autre si elle est préférée par tous les membres de la société. Il suffit ainsi qu'une seule personne soit lésée lors du passage d'une affectation des ressources à une autre pour que le critère de Pareto ne puisse être appliqué.

[2] C'est la notion d'équilibre général de concurrence parfaite a été introduite en 1874 par WALRAS. Elle a trouvé une expression formelle totalement rigoureuse dans les travaux de K. ARROW et G. DEBREU qui dégagèrent en 1954 les conditions précises assurant

Au terme de l'étude des enjeux théoriques de la convergence, il apparaît qu'il s'agit d'une notion complexe, qui ne saurait être un processus dont la situation finale est définie a priori, de façon entièrement exogène et sans référence aucune à une situation d'équilibre économique particulière, comme c'est le cas de la convergence par des critères nominaux. Il semble bien qu'elle exprime l'idée d'un processus d'ajustement lent du système économique vers un équilibre concurrentiel stable, type walrassien, ajustement qui est tel que la réalité économique observée correspond à une phase d'évolution vers cet équilibre. L'équilibre étant ainsi un attracteur stable. Les observations statistiques ne contribuent qu'à décrire cette évolution et cet attracteur peut lui-même se déplacer à la suite de variations des variables exogènes qui le déterminent. Mais à chaque date, le nouvel équilibre reste l'attracteur de la réalité économique observée. Ainsi définie, la convergence soulève plusieurs interrogations, notamment celles qui sont relatives aux possibilités d'action sur l'équilibre par la mise en œuvre de politiques spécifiques, ou encore celles portant sur la vitesse et la durée de l'ajustement. Il s'agit là de questions qui revêtent une grande importance, car on sait combien de telles questions ont été déterminantes dans la construction monétaire européenne, lorsqu'il s'est agi d'arrêter la liste des pays devant participer à la monnaie unique dès le 1er janvier 1999. Pour la zone Franc au contraire, elles n'ont pas exactement la même portée. Leur importance réside dans les fondements mêmes de la convergence des politiques économiques, ainsi que nous allons le voir dans le chapitre suivant.

---

l'existence d'un équilibre. Cf. L. WALRAS [1874], *Eléments d'économie politique pure, ou théorie de la richesse sociale*, 1ère éd. rééd. comme tomme VIII des *Œuvres complètes d'Auguste et Léon Walras*. Paris : Economica, 1988 ; J. K. ARROW et G. DEBREU [1954], loc. cit.

Chapitre 2

LES FONDEMENTS DE LA CONVERGENCE DES POLITIQUES ECONOMIQUES

Deux grandes unions économiques ont été créées en zone Franc en 1994 (la CEMAC et l'UEMOA), dans un contexte marqué non seulement par la globalisation croissante des marchés et la tendance à la formation de blocs économiques au niveau international, mais surtout par l'aggravation de la crise économique et financière apparue dans la zone au début des années 80. Cette crise a permis de se rendre compte que l'application d'une politique monétaire commune était devenue insuffisante et qu'elle devait être soutenue par la convergence des politiques macroéconomiques nationales. Dans le cas de la CEMAC, créée le 16 mars 1994 par les Chefs d'Etats membres de l'Union Economique et Douanière de l'Afrique Centrale (UDEAC), l'analyse de ses textes constitutifs montre que la préoccupation majeure des gouvernements était d'ajuster leurs économies à ce contexte, en relançant notamment le processus d'intégration économique et en mettant en place de nouvelles stratégies institutionnelles. On peut donc voir dans la convergence des politiques économiques en zone Franc deux principaux fondements :

- d'une part, **l'éclosion de grands ensembles économiques ou l'impératif d'intégration sous-régionale en l'Afrique** (section 1) ;

- et d'autre part, **de la dynamique de la zone Franc à de nouvelles stratégies institutionnelles** (section 2).

SECTION 1
L'ECLOSION DE GRANDS ENSEMBLES ECONOMIQUES OU L'IMPERATIF D'INTEGRATION

L'éclosion de grands ensembles économiques, caractérisée par l'évolution de la structure du commerce international, ainsi que par la prolifération de blocs commerciaux a remis au goût du jour la question de l'intégration. Celle-ci est devenue d'un enjeu important pour permettre aux pays de la zone de pouvoir faire face à la dynamique de l'économie internationale. Cet enjeu explique pour une bonne part la mise en œuvre de la convergence des politiques économiques. Par ailleurs, la création de l'Union Economique et Monétaire Européenne (UEM) appelait à des réaménagements institutionnels, en raison des relations privilégiées des pays africains de la zone avec la France, un des pays piliers de cette union, mais aussi en raison des changements introduits par l'UEM dans les relations avec ces pays.

Nous examinerons, dans un premier temps, la tendance à la formation de grands ensembles économiques et son incidence, l'exemple de l'UEM ; et dans un second temps, l'intégration économique et son enjeu pour l'Afrique.

A- LA FORMATION DE GRANDS ENSEMBLES ECONOMIQUES ET SES EFFETS

La tendance à la formation de grands ensembles économiques à laquelle on a assisté est mise en évidence par la structure du commerce international, la concentration de celui-ci au sein de grandes régions, ainsi que par la prolifération de blocs commerciaux. L'exemple de l'UEM montre que cette dynamique explique indirectement la naissance des unions économiques en zone Franc, ainsi que les politiques de convergence économique.

1- La concentration du commerce international au sein de grandes régions et la prolifération de blocs commerciaux

Le tableau 8, élaboré à partir des matrices du commerce international construites par l'Organisation Mondiale du Commerce (OMC) et empruntées à M. RAINELLI[1] permet d'apprécier la place qu'occupent les groupes de nations dans le commerce international au moment où sont créées la CEMAC et l'UEMOA.

[1] Cf. M. RAINELLI [2000], *Le Commerce International*, Paris : pp. 28-29

Tableau 8- Matrice des exportations mondiales en 1986, 1991 et 1998 (en millièmes du total des exportations)

Origine		Amérique du Nord	Amérique latine	Europe occidentale	Europe orientale, centrale et ex-URSS	Afrique	Moyen-Orient	Asie	Total (1)
Amérique du Nord	1986	58	16	32	1	3	4	33	149
	1991	52	19	37	2	3	5	40	157
	1998	64	28	33	2	2	5	36	170
Amérique latine	1986	20	6	9	3	1	1	4	44
	1991	19	7	9	2	1	1	4	42
	1998	28	11	8	1	1	1	3	52
Europe occidentale	1986	45	9	304	15	19	17	29	437
	1991	33	9	334	15	15	14	34	454
	1998	40	12	307	25	12	12	33	440
Europe Orientale, Centrale et ex-URSS	1986	1	3	18	42	2	2	6	75
	1991	1	1	15	6	1	1	3	26
	1998	2	1	21	13	1	1	2	40
Afrique	1986	4	1	15	1	2	e*	2	26
	1991	4	1	15	1	2	1	3	24
	1998	3	1	11	e*	e*	e*	3	20
Moyen-Orient	1986	4	2	10	1	1	2	12	33
	1991	5	1	10	1	1	2	15	24
	1998	4	e*	6	e*	1	3	11	25
Asie	1986	75	5	37	6	4	9	82	218
	1991	62	6	49	4	5	8	118	251
	1998	64	7	47	3	4	8	109	242
Total	1986	207	43	426	70	32	36	168	1000
	1991	175	43	469	29	31	31	215	1000
	1998	204	59	433	43	22	28	198	1000

(Destination en colonnes.)

(1) 2133 milliards de dollars E.U. en 1986, 3506 en 1991 et 5270 en 1998; e* = inférieur à 0,5

Source : M. RAINELLEI [2000], *Le commerce international.* Paris : Repères, pp. 28-29.

Il représente simultanément l'origine des exportations (en ligne) et leur destination (en colonne). Les données sont exprimées en pourcentage des exportations mondiales pour les années 1986, 1991 et

1998. Il permet de dégager au moins trois enseignements. Le premier est relatif à la dynamique différenciée du commerce international selon les grandes régions géographiques. En effet, si l'on considère la part de chaque région dans le total des exportations mondiales en 1998, un classement s'établit. L'Europe Occidentale arrive en tête, avec 44 % des exportations, suivie de l'Asie (24,2 %), puis de l'Amérique du Nord (17 %), l'Amérique Latine (5,2 %), l'Europe Orientale, Centrale et l'ex-URSS (4 %), et enfin l'Afrique 2 %). Alors que la part de l'Amérique du Nord augmente de façon régulière, on peut constater que l'Afrique se trouve de plus en plus marginalisée. Sa part diminue de 2,6 % à 2,4 % puis à 2 %. Cette marginalisation peut s'expliquer par les évolutions défavorables des prix des matières premières et des produits agricoles qu'elle exporte à titre principal. Ces évolutions peuvent expliquer par ailleurs le phénomène de marginalisation également observé dans le domaine de la production mondiale. En effet, en 1993, la part de l'Afrique (hors Afrique du Sud) dans la production mondiale est évaluée à 1,8 %, contre 2 % en 1980 et 2,4 % en 1960[1]. Le deuxième enseignement est relatif à la concentration du commerce international au sein des nations avancées. On peut observer que l'Amérique du Nord et l'Europe occidentale se trouvent à l'origine de 58,6 % des exportations en 1986, de 61 % en 1998. Le troisième enfin concerne la destination des exportations réalisées dans chaque région. Il apparaît une tendance plus ou moins marquée au développement des échanges entre les nations d'une région donnée. C'est ainsi que l'on peut remarquer que pour l'année 1998, 69,8 % des exportations de l'Europe 0ccidentale sont intra-européennes. Pour l'Europe Orientale et Centrale, il y a une chute du commerce intra-zone en 1998 (32,5 %) du fait de la désagrégation des relations nouées autour de l'ex-URSS. Mais on voit bien qu'en 1986, le commerce est fort, puisqu'il représente 56 % des exportations. En outre, on assiste à une ascension de l'Asie dans le commerce international, du fait du renforcement de l'intégration régionale, puisque la part des exportations intra-zone passe de 25,7 % en 1986 à 45% en 1998. L'ensemble de ces enseignements permet de dire que le commerce mondial est en grande partie réalisé par trois grands ensembles régionaux de nations, ayant conclu entre eux des accords.

---

[1] Cf. G. LAFAY [1996], *Comprendre la mondialisation*. Paris : Economica. p. 20.

Par ailleurs, on peut noter que le contexte dans lequel les unions économiques sont créées dans la zone est caractérisé par la prolifération de blocs commerciaux. A. KHAVAND [1995] a dénombré à ce moment quatre-vingt-cinq accords commerciaux régionaux dans le monde, dont vingt huit ont vu le jour entre 1992-1993. Il s'agit là, selon lui, d'un des faits majeurs de l'économie internationale[1].L'apparition de la notion de *bloc commercial* elle-même coïncide avec l'engouement soudain des Etats-Unis pour les intégrations économiques régionales. Quelques faits illustrent ce tournant de la diplomatie commerciale américaine : la signature en 1985 d'un accord de libre-échange avec Israël ; la création en 1988 d'une zone de libre échange avec le Canada; la proclamation le 27 juin 1990 par Georges BUSH de l'initiative pour les Amériques, axée sur la formation d'un hémisphère de libre-échange; enfin, la conclusion le 12 août 1992, de l'Accord de libre-échange nord-américain (ALENA) regroupant les Etats-Unis, le Canada et le Mexique. L'idée de bloc commercial est également associée à la formation de l'Union Economique et Monétaire Européenne. En outre, on l'associe au mouvement de régionalisation observé en Amérique latine. En effet, en avril 1991, l'Argentine, le Brésil, le Paraguay et l'Uruguay ont décidé de se regrouper en une union douanière (MERCURSOR). Quelques années plus tard, en 1995, le Mexique, la Colombie et le Venezuela ont décidé de constituer une zone de libre-échange. Mais déjà en août 1992, le Mexique et les cinq pays d'Amérique centrale (Guatemala, Costa Rica, Honduras, Nicaragua, Salvador) ont signé un accord de principe pour l'entrée en vigueur en 1996 d'un traité de libre-échange. En ce qui concerne l'Asie, il y a depuis novembre 1992 l'organisation de coopération économique, qui a pour membres : l'Iran, le Pakistan, la Turquie, l'Afghanistan, l'Azerbaïdjan, etc. En outre, les six pays membres de l'Association des Nations d'Asie du Sud-Est (ASEAN)[2] ont décidé en janvier 1992 de créer l'accord de libre-échange asiatique (ALEA).

Ces différents arrangements régionaux ont pris la forme de zone de libre-échange, d'union douanière, de marché commun ou d'union

---

[1] Fereydoum A. KHAVAND [1995], *Le Nouvel ordre commercial mondial (du GATT à l'OMC)*. Paris : Nathan p. 123.

[2] L'ASEAN comprend : Brunei, l'Indonésie, la Malaisie, les Philippines, Singapour, la Thaïlande et le Vietnam.

économique. Rappelons que dans une zone de libre échange, les partenaires suppriment la plupart des obstacles à la libre circulation des biens et services. Mais ils n'adoptent pas pour autant une politique commerciale commune vis-à-vis des pays tiers, chaque pays membre maintenant son propre tarif douanier à l'égard des pays n'appartenant pas à la zone. On sait que l'Association Européenne de libre échange (AELE) et l'Association latino-américaine de libre commerce (ALALC), toutes de 1960, constituent les exemples les plus anciens de ce type. On sait par ailleurs que depuis l'analyse de VINER [1950][1], les zones d'intégration régionale s'expliquent par l'expansion des échanges (*trade creating*) et le détournement des échanges. L'expansion des échanges est le cas où l'accroissement du commerce intra-zone se réalise au détriment des produits moins compétitifs en provenance des pays non membres. Le détournement des échanges par contre est celui où il y a accroissement du commerce intra-zone sous l'effet des obstacles imposés aux produits plus compétitifs en provenance de l'extérieur. Dans ce cas, la libéralisation régionale des échanges se fait au détriment de l'efficacité économique mondiale, contrairement à ce qui se passe lorsqu'il y a expansion des échanges.

2- L'Union Economique et Monétaire Européenne et ses effets

L'exemple de l'UEM est cependant différent, car il explique à maints égards la naissance des unions économiques dans la zone Franc, du fait de l'interrogation née sur la manière d'ajuster la coopération monétaire de la France avec les Etats africains.

a- La formation de l'Union Economique et Monétaire Européenne

En effet, l'UEM est née avec l'adoption, par les Chefs d'Etat et de gouvernement, du plan d'unification issu du Rapport DELORS, lors du Conseil européen qui s'est tenu à Maastricht les 9 et 10 décembre 1991. Ce Plan prévoyait trois grandes phases, au terme desquelles les pays remplissant les critères de convergence fixés devaient entrer dans l'union monétaire. Dans la *phase 1*, il était prévu par exemple : - le renforcement des règles relatives à la coordination des politiques économiques et financières, à travers une nouvelle procédure de contrôle multilatéral

---

[1] VINER, J. [1950], *Custom Union Issue.* New York : Carnegie, Endowment for International Peace.

fondée sur des indicateurs fixés ; - la réalisation complète d'un espace financier européen ; - la participation de toutes les monnaies communautaires au mécanisme de change du Système monétaire européen (SME) selon des règles identiques ; - le renforcement des fonctions de coordination du Comité des Gouverneurs des banques centrales en matière de politique monétaire, de change et de contrôle des banques ; - etc. Dans la *phase 2* en revanche, il était prévu : - la création du Système Européen de Banques Centrales (SEBC) ; - le recours aux modifications du taux de change uniquement dans des situations exceptionnelles ; - la transition d'une coordination des politiques monétaires nationales vers une politique monétaire commune, prise en charge par le SEBC, avec un transfert progressif des pouvoirs à une institution communautaire ; - le regroupement d'une partie des réserves monétaires à des fins d'intervention sur le marché des changes, avec un resserrement des marges de divergence dans les mécanismes du taux de change du SME ; - etc. Enfin, en ce qui concerne la *phase 3*, on pouvait noter entre autres projections : - la fixation irrévocable des taux de change ; - la mise en place de réglementations et de procédures contraignantes dans les directives pour les budgets nationaux ; - le transfert au seul SEBC de la responsabilité de décider en matière d'interventions sur le marché des changes dans les monnaies des pays tiers ; - le maintien des réserves monétaires officielles auprès du SEBC ; - et la transition vers le passage à une monnaie unique.

Il importe aussi de rappeler que l'idée de l'Europe remonte à l'année 1950, année au cours de laquelle Robert SCHUMAN et Jean MONNET lancent l'idée de la mise en place d'un système de coopération, voire d'intégration, qui éviterait à jamais les guerres européennes. C'est ainsi qu'on verra naître la Communauté Européenne du Charbon et de l'Acier (CECA)[1] ; et fait très important : la naissance au cours de la même année de l'Union Européenne des Paiements regroupant 17 pays européens[2]. Il

---

[1] Celle-ci visait la mise en commun de la production du charbon et de l'acier de la France et de l'Allemagne, de manière à en faire un marché commun. Cf. J. M. FLOC'HLAY [1996], *La monnaie unique (pourquoi, quand ? Comment ?)*. Lagny-sur-Marne : Eudysée Editions.

[2] Par cet accord, les pays veulent assurer la multilatéralisation des paiements en organisant des compensations mensuelles entre les déficits bilatéraux de chaque pays membre avec ses surplus bilatéraux, les soldes pouvant être réglés soit en or, soit en dollars, etc.

naîtra ensuite, le 5 août 1955, l'Accord Monétaire Européen[1], qui restera en vigueur jusqu'au 31 décembre 1972, après avoir été renforcé en 1958 par le Traité de Rome, notamment avec l'institution d'un Comité monétaire chargé de poursuivre la coordination des politiques économiques. Il faudra attendre décembre 1969, avec l'adoption du Plan BARRE par les Chefs d'Etats et de gouvernement, pour voir naître le projet européen d'intégration économique et monétaire. En effet, ce Plan envisage la coordination des politiques économiques et la coopération monétaire. Il est la principale source d'inspiration des propositions du plan d'intégration monétaire par étapes envisagé par le Rapport WERNER en 1970, puis de l'expérience du *serpent monétaire européen* (1972-1978). Il inspirera également la création du SME en mars 1979, et dont on sait qu'il a théoriquement fonctionné jusqu'au 1er janvier 1999, date à laquelle l'Ecu a été remplacé par l'Euro.

Le traité de Maastricht n'a donc été qu'un tournant décisif, dans la mesure où il a arrêté un calendrier précis pour la réalisation de l'Union. Selon ce traité, la *phase 1* devait entrer en vigueur le 1er janvier 1994 et permettre la création de l'Institut Monétaire européen (IME). Au 31 décembre 1996, les Chefs d'Etat et de Gouvernement devaient avoir décidé, pour dire quels Etats membres sont à mesure de passer à la *phase 3*. Cette décision devait être prise sur la base des rapports de l'IME, et surtout au vu des rapports sur la convergence des économies. Malgré l'existence d'une marge d'appréciation politique, les critères nouveaux de convergence restaient déterminants. En tout état de cause, la *phase 3* devait entrer en vigueur le 1er janvier 1999, ce qui a été fait. Depuis le 1er Janvier 2002, les billets et les pièces de monnaie en Euro sont en circulation. Ils ont définitivement remplacé les billets et pièces en monnaies nationales à compter du 1er juillet 2002.

Depuis l'entrée en vigueur de cette phase, le SEBC est compétent à travers son Conseil, pour l'élaboration et la mise en œuvre de la politique monétaire, ainsi que pour le maintien des taux de change de l'ex-Communauté Economique Européenne avec l'extérieur. Les banques

---

[1] A travers cet accord, les banques centrales européennes s'étaient engagées à limiter à environ 0,75 % de part et d'autre de la parité (contre 1 % selon ce que prévoyaient les statuts du FMI) les fluctuations du dollar contre leurs monnaies sur le marché des changes. Cf. P. PRISSERT et A. PIQUEMAL (1986), *Stratégie et économie des échanges internationaux*. 3e éd., Paris : Revue banque.

centrales nationales sont chargées seulement de mener à bien les politiques selon les directives fixées par ce Conseil. Celui-ci a pour mandat essentiel de rechercher la stabilité des prix, de soutenir la politique économique décidée au niveau communautaire et d'assurer le fonctionnement régulier du système de paiements. Du fait de la structure fédérative du SEBC, son Conseil est indépendant des directives des gouvernements nationaux et des organes de la Communauté. Il est composé de Gouverneurs de banques centrales nationales et d'une équipe de collaborateurs nommés par lui-même. Ce directoire est chargé de suivre l'évolution monétaire et de contrôler la mise en œuvre de la politique monétaire commune élaborée et décidée par le Conseil.

b- Les effets sur la coopération monétaire France-pays africains

Deux principes importants sous-tendent le fonctionnement du SEBC : l'absence de déficits budgétaires excessifs ; et l'interdiction pour la Banque Centrale Européenne de consentir toute forme de crédit à un gouvernement. Face à ces règles, la question qui s'était posée à la France était de savoir comment être en règle au niveau européen et continuer à entretenir la même coopération monétaire avec les pays africains, sans prendre le risque de ne pas satisfaire ses propres engagements. En effet, les comptes d'opérations de la BCEAO et de la BEAC, qui constituent les mécanismes centraux de cette coopération monétaire sont en ce moment précis débiteurs, en raison notamment des graves problèmes économiques et financiers que connaît la zone et qui se traduisent par d'importants déficits budgétaires. Or ces comptes, s'ils sont domiciliés à la Banque de France, sont des comptes ouverts sur les livres du Trésor français. Ceci implique que tout déficit se comptabilise au niveau de celui-ci comme emploi et donc comme facteur de déficit budgétaire ou de non-respect du critère d'absence de déficit budgétaire excessif. Reposant par ailleurs sur le pacte de stabilité des prix, le fonctionnement du SEBC a soulevé le problème du renforcement de la monnaie en zone Franc, afin d'introduire dans la zone euro la zone Franc africaine. La création des unions économiques et monétaires a été certainement guidée par cette préoccupation, de manière à faire fonctionner la zone à l'image de l'UEM, cela d'autant plus que ses problèmes économiques mettaient en évidence l'importance de l'intégration.

B- L'INTEGRATION ECONOMIQUE, UN NOUVEL ENJEU POUR L'AFRIQUE

En effet, la crise économique que la zone traverse est liée en partie à la division de l'Afrique en de tout petits Etats pendant la colonisation et sa fragilisation sur le plan économique. Les signataires des traités créant l'UEMOA et la CEMAC ont sans doute considéré que l'intégration présentait plus que jamais un enjeu important.

1- Balkanisation, vulnérabilité économique et premières tentatives d'intégration

Les premières tentatives d'intégration observées en Afrique remonte à l'histoire coloniale, période au cours de laquelle les économies africaines font l'objet d'une balkanisation qui va contribuer de manière déterminante à leur marginalisation.

a- Balkanisation et vulnérabilité économique des Etats

Avant la colonisation, l'Afrique se composait essentiellement de grands royaumes et de grands empires (Cheik Anta Diop [1960][1]). Leur prospérité économique servait de base à un vaste réseau de relations commerciales, la liant à l'Europe (région du bassin méditerranéen) et à l'Asie, en passant par la Mer Rouge et l'Océan Indien. Cette prospérité était favorisée par l'unité géographique, qui s'accompagnait elle-même d'une unité culturelle. Le commerce caravanier se développait grâce aux grandes routes commerciales. Celles-ci traversaient dans tous les sens le Sahara et liaient ainsi l'Afrique au reste du monde. Mais la prospérité économique de l'Afrique pré-coloniale a été remise en cause entre les XVe et XVIIIe siècle, avec la grande traite qui a vidé le continent de l'essentiel de ses ressources humaines. C'est à ce moment que va commencer la période de déclin de son activité économique, déclin caractérisé par un net recul des échanges. A la fin du XVIIIe siècle, on assistera à une renaissance, qui se traduira par la réapparition de nouveaux royaumes forts (empire Sokoto, empire Malinké, etc.). Mais avec l'occupation coloniale, qui n'a eu définitivement lieu qu'après leur démantèlement et leur partage par les puissances coloniales, commencera le morcellement de son espace économique. Le partage du continent se

---

[1] CHEIK ANTA DIOP [1960], *Les fondements économiques et culturels d'un Etat fédéral d'Afrique noire*. Paris : Présence africaine, 1974.

fera essentiellement en fonction des rapports de force entre puissances coloniales et de leurs intérêts économiques. A ce premier volet de la balkanisation s'est s'ajoutée ce que B. BEKOLO-EBE et G. NGANGO [1989][1] appellent : la *désintégration économique du continent*. En effet, après la conférence de Berlin, qui a entériné officiellement le partage de l'Afrique, les puissances coloniales ont mis en place un nouveau système productif, dont la principale caractéristique était la mise en valeur économique des territoires conquis en fonction des besoins de la métropole. Cette mise en valeur s'est traduite par l'instauration de nouvelles cultures (café, cacao, coton, thé, hévéa, etc.) et par la mise en place de l'extraction minière dans certains cas. De ces cultures dépendra désormais tout le système économique. Cette spécialisation aura comme effet de renforcer la division et donc de fragiliser économiquement les Etats, en rendant les différentes zones d'influence étrangères les unes des autres sur le plan économique, et en rendant aussi au sein d'une même zone les différents pays étrangers les uns par rapport aux autres. En renforçant de par sa structure l'hétérogénéité des colonies, le nouveau système productif a ainsi constitué un obstacle à l'intégration économique du continent, mais a par contre favorisé l'intégration unilatérale de l'espace économique colonial à l'espace économique métropolitain. C'est la raison pour laquelle, il y a aujourd'hui une extrême dépendance des pays africains à l'égard d'un seul ou d'un nombre restreint de produits de base. En 1990 par exemple, le coton à lui seul faisait 57 % des recettes d'exportation du Tchad, le café 75 % pour le Burundi, la bauxite 86 % pour la Guinée, l'uranium 69 % pour le Niger, etc. Plus généralement, cette dépendance se mesure par l'importance de la part des produits primaires dans les recettes d'exportation totales de l'Afrique subsaharienne. Le tableau 9 montre que cette part reste de loin supérieure à celle de l'ensemble des pays en développement (PED) et du monde entier. Pour l'Afrique subsaharienne, elle représente en effet plus de 89 % en 1990, alors que pour la même année, elle atteint environ 68 % pour l'Amérique latine et seulement 20,4 % pour les pays d'Asie du Sud et du Sud-Est.

---

[1] Cf. B. BEKOLO EBE et G. NGANGO [1989], « Crise économique et impératif d'unité en Afrique », *Présence africaine*, n° 149/150, *Hommage à Cheik Anta Diop*, pp. 51 - 67.

Tableau 9- Part des produits primaires dans les recettes totales d'exportation par groupe de pays

Groupe de pays	1970	1975	1980	1989	1990
Ensemble des PED	80,1	83,2	79,4	44,9	46,4
PED d'Afrique subsaharienne	93,1	94,6	94,3	87,1	89,2
PED d'Amérique Latine	90,5	87,8	83,7	65,3	68,2
PED d'Asie du Sud et du Sud-est	52,7	52	44,5	20,7	20,4
Monde entier	36,2	40,3	42,7	26,2	26

Source : CNUCED 1992, *Annuaire des produits de base*

En outre, le processus d'exploitation des colonies a renforcé leur atomisation par son caractère inégalitaire, car dans un empire donné, ce n'étaient pas toutes les régions qui étaient mises en valeur, le processus d'exploitation étant déterminé par les besoins de la puissance colonisatrice. Son caractère inégalitaire a ainsi engendré l'existence dans l'espace économique de régions très riches à côté de zones pauvres et abandonnées. On explique par là la désintégration de l'Afrique en de micro-Etats, avec la disparition de la domination coloniale, celle-ci ayant été la pierre angulaire de l'empire du fait de la soumission à une autorité commune. Cela explique également que la formation de grands espaces économiques à laquelle on se serait attendue, au fur et à mesure de la mise en œuvre des politiques de développement, ne se soit pas réalisée pour assurer la convergence vers l'unité économique. Le triomphe de la formation de petits Etats, très orientés vers la production de matières premières et par conséquent peu viables économiquement, peut donc être considéré comme la base de la crise économique dont les pays africains ont été victimes pendant près de deux décennies. On sait que l'Afrique subsaharienne a bénéficié entre 1973 et 1979 d'une amélioration notable des termes de l'échange. Mais avec le deuxième choc pétrolier de 1979-1980 et la récession dans les pays industriels, elle a enregistré une dégradation de 12 % des termes de l'échange entre 1980 et 1982. Elle a connu en même temps un alourdissement du poids de la dette, en raison de la montée des taux d'intérêt au début des années 80. Jusqu'en 1985, sa situation n'était pas préoccupante, mais à partir de cette année la détérioration des termes de l'échange a atteint un niveau sans précédent, avec un recul de près de 50 %. A la fin de l'année 1992, les baisses cumulées se sont élevées à 61 % pour le pétrole, 73 % pour le cacao, 78 % pour le café, 3 % pour le coton et 4 % pour le bois. La chute et l'instabilité grandissante des cours mondiaux des matières premières ont provoqué une profonde dégradation de la situation économique et financière des Etats. On a assisté à une évolution très négative de la croissance du PIB réel et du solde budgétaire global, ce dernier étant passé en moyenne de - 4,45 % à 8,15 % du PIB entre 1986 et 1993 (cf. Introduction, tableau 4). Sur la même période, la dette extérieure de l'Afrique subsaharienne est passée de 54,85 % à 74,25 % du PIB. En 1991, l'encours de sa dette totale a atteint 172 milliards de dollars US, soit 180 % du PIB et 340 % des exportations annuelles. En 1992, le ratio encours de la dette publique sur PIB a dépassé 1 pour 25 pays[1]. Avec l'alourdissement de la charge de la dette extérieure et l'effet d'amplification de la flambée des taux d'intérêt, les Etats se sont trouvés dans l'incapacité d'assurer le règlement des échéances. L'accumulation des arriérés extérieurs qui s'en est suivie a eu pour effet d'entraîner la méfiance des bailleurs de fonds et le tarissement des flux de capitaux en direction de l'Afrique. Par exemple, pour les pays membres de la BEAC, les flux entrants sont passés de 637,5 à 353,9 milliards de francs CFA entre 1985 et 1992. L'importance des déséquilibres financiers a été telle que ces Etats dans leur immense majorité ont été obligés de conclure avec le Fonds Monétaire International (FMI) des programmes d'ajustement structurel.

Par ailleurs, la crise a également été amplifiée par le fait qu'il s'agit de micro-Etats, n'ayant pas de véritables relations d'échange entre eux. Le tableau 10 retrace l'évolution de tels échanges entre 1982 et 1990. Sous réserve des limites relatives aux données statistiques, on voit qu'au cours de cette période, les exportations et les importations africaines en direction ou en provenance d'autres pays africains n'ont représenté en moyenne que 10,3 % et 15,7 % du total respectif de leurs exportations et de leurs importations.

Tableau 10- Echanges interafricains de 1982 à 1990

Designation	1982	1983	1984	1985	1986	1987	1988	1989	1990	moyenne
Importations en provenance de l'Afrique (en % moyen)	19,4	18,5	21	19,2	16	14,3	12,7	16,4	11,9	15,7
Exportations en direction de l'Afrique (en % moyen)	9,5	13,1	10,4	10,7	7,5	10,2	13,5	12,4	11,0	10,3

Sources (gross datas) : United nations, *African statistical yearbook*, 1990/1991 et 1992/1993

[1] D'après une étude du Ministère français de la coopération [1993]

Le faible niveau des échanges entre pays, ainsi que l'extrême spécialisation dans la production des matières premières, expliquent les premières tentatives d'intégration observées ça et là dans le continent.

b- Les premières tentatives d'intégration

Il faut remonter au lendemain des indépendances pour voir la volonté d'intégration commencer à se manifester, avec notamment la création et la multiplication de communautés économiques dans diverses régions : CEAO, CEDEAO, MRU, UDEAC, CEEAC, CEPGL, ZEP[1], etc. En effet, le débat sur le problème de l'unité africaine s'est traduit au fil des ans par le triomphe de l'idée d'intégration régionale. Il y a ainsi eu une prolifération d'expériences. Pour l'Afrique de l'Ouest, le point de départ se situe en 1959, avec la création de l'Union Douanière de l'Afrique Occidentale (UDAO), dont l'objectif était de regrouper les territoires de l'ex-Afrique occidentale française (AOF) et d'assurer le maintien des relations privilégiées nées de la soumission à une même puissance coloniale. Cette expérience elle-même a inspiré d'autres regroupements régionaux, tels que le Conseil de l'Entente (Côte-d'Ivoire, Mali, Bénin, Haute-Volta), la Commission du Bassin du Niger, la Commission du bassin du lac Tchad. Un modèle du même type, l'UDEAC, a été créé en Afrique Centrale le 8 décembre 1964. En outre, les nombreuses difficultés rencontrées par l'UDAO ont entraîné son remplacement en 1966 par l'Union Douanière des Etats de l'Afrique de l'ouest (UDEAO). Celle-ci n'a malheureusement jamais fonctionné et a été remplacée à son tour en 1972 par une nouvelle organisation : la CEAO.

Toutes ces unions se sont constituées sur la base de clivages linguistiques coloniaux. On a constaté cependant une volonté de les dépasser, comme le témoigne la signature de nombreux accords bilatéraux de paiement entre banques centrales. Citons pour mémoire l'accord conclu en 1970 entre le Ghana et la Haute-Volta, dont l'objectif était de faciliter l'exécution des accords de 1961 et 1967 visant le développement des échanges commerciaux bilatéraux. Malgré leur échec,

---

[1] CEAO : Communauté Economique de l'Afrique de l'Ouest ; CEDEAO : Communauté Economique des Etats de l'Afrique de l'Ouest ; MRU : Mano River Union (en Afrique de l'ouest) ; UDEAC : Union Douanière et Economique de l'Afrique Centrale ; CEEAC : Communauté Economique des Etats d'Afrique Centrale ; CEPGL : Communauté Economique des Pays des Grands Lacs ; ZEP : Zone d'Echanges Préférentiels (en Afrique australe).

ces accords de paiement (8 au total en 1979) ont donné naissance en 1975 à la Chambre de compensation de l'Afrique de l'ouest (CCAO). Celle-ci était d'autant plus justifiée que la volonté d'élargir l'espace économique avait donné naissance la même année au regroupement de seize pays anglophones et francophones (CDEAO), qui devaient gérer une dizaine de monnaies et dont neuf étaient malheureusement inconvertibles. D'autres organismes du même type ont également vu le jour, sous l'impulsion du Plan d'action de Lagos de 1980. Ce dernier a renforcé l'idée d'un marché commun ou d'une union économique. C'est ainsi qu'a été créée en décembre 1981 la ZEP, transformée trois ans plus tard en Marché commun des Etats de l'Afrique Australe et de l'Est (COMESA). On a assisté au cours de la même année (1984) à la naissance à Libreville de la CEEAC. Selon le Plan de Lagos, des structures régionales de cette nature devaient contribuer efficacement au progrès du continent et pouvaient lui assurer un développement auto-entretenu, à travers un développement des échanges intra-africains et une réduction de sa très grande dépendance de l'exportation des matières premières. Mais loin de se développer, les échanges intra-africains sont demeurés très faibles et même en régression (U. WASSERMAN [1984])[1], et ce malgré l'éclosion des regroupements. La structure même de ces échanges est restée fondamentalement la même, les pays industrialisés demeurant toujours les principaux partenaires commerciaux, c'est-à-dire les premiers fournisseurs de l'Afrique et les principaux destinataires de ses exportations (cf. chapitre 4).

Dans l'ensemble, les premières tentatives d'intégration, avec un bilan qui est loin d'être positif, n'ont pas été à la hauteur des espoirs des gouvernants. Leur échec a été expliqué par des causes multiples et diverses (B. BIAO [1989], B. BEKOLO-EBE et G. NGANGO [1989])[2]. Sous l'effet de la crise économique et de son approfondissement, ainsi que du régionalisme qui a gagné l'économie internationale, la question de l'intégration régionale en Afrique est revenue à l'ordre du jour.

---

1 Cf. U. WASSERMAN [1984], « La situation économique de l'Afrique », *Problèmes économiques*, n° 1907, janvier 1985, pp. 3-7.

2 Voir par exemple : B. BEKOLO EBE et G. NGANGO [1989], loc. cit. ; B. BIAO [1989], *Monnaie et intégration économique (cas de l'Afrique de l'ouest).* Thèse pour le doctorat d'état en Sciences Economiques, Université de Yaoundé.

2- L'enjeu de l'intégration

Cette question est devenue un nouvel enjeu pour l'Afrique, en raison du risque d'une plus grande marginalisation. Elle a conduit à la mise en place de la coopération institutionnelle, perçue comme moyen efficace pour y faire face.

a- Multipolarisation de l'économie internationale et marginalisation de l'Afrique

Au moment de la création des unions économiques en zone Franc, le constat que l'on pouvait faire était que le commerce international était de plus en plus le fait de blocs régionaux et que les pays qui ne faisaient pas partie de tels blocs, comme les pays africains[1], étaient en quelque sorte laissés de côté. En effet, trois ensembles régionaux dominent alors ce commerce, à savoir : l'Union européenne, l'ALENA et l'ASEAN. L'Union européenne est l'ensemble qui connaît une forte intégration, les échanges intra-zones sont en croissance rapide et supérieurs aux échanges avec l'extérieur. Cet ensemble s'est allié avec les pays de l'ancienne zone de l'Association européenne de libre échange (AELE), hormis la Suisse, et constitue en principe depuis janvier 1994 l'Espace Economique Européen (EEE). Si cet ensemble engage la souveraineté des Etats membres dans une entreprise économique et politique commune, l'ALENA quant à elle repose uniquement sur le libre-échange. Avec plus de 360 millions de consommateurs, elle pourrait regrouper dans les années à venir les pays d'Amérique du Sud et couvrirait l'espace qui va de l'Alaska à la «Terre de feu». En ce qui concerne l'Asie, on note que l'ASEAN s'est transformée en 2003 en zone de libre-échange de près d'un demi-milliard de consommateurs. En outre le pôle asiatique se trouve renforcé par la Chine, le Japon et trois nouveaux pays industrialisés de la première génération (Hong-Kong, Corée du Sud et Taïwan).

Selon certaines analyses, cette *multipolarisation* s'explique principalement par trois arguments. Il y a d'abord la «préférence de proximité», selon laquelle le régionalisme est une exaltation du libre-échange limité aux «zones d'échanges naturelles. Il y a ensuite la «suprématie régionale», selon laquelle les puissances hégémoniques, à

---

[1] Voir F. A. KHAVAND [1995] ou C. BUHOUR [1996], *Le commerce international : du GATT à l'OMC*. Bruxelles : Le Monde - Editions. pp. 207-214.

défaut de prétendre à une prééminence mondiale, ont tendance à asseoir solidement leur suprématie sur le socle de leur zone d'influence « naturelle ». Il y a enfin la « recherche de l'Hinterland (arrière-pays) », argument qui défend l'idée de la construction de « forteresses commerciales régionales ». Quel que soit l'argument, l'émergence ou le renforcement de blocs commerciaux régionaux dans les zones industrielles est à l'évidence une source de marginalisation accrue de l'Afrique, qui en raison de la montée en puissance du protectionnisme a eu du mal à accéder aux marchés des pays avancés.

b- Coopération institutionnelle et intégration commerciale en Afrique

Pour y faire face, l'idée d'une coopération institutionnelle en zone Franc a été développée en relation avec l'intégration commerciale. Avec les difficultés rencontrées par les pays africains pour accéder aux marchés extérieurs, l'intégration régionale a été considérée comme une étape utile à l'ouverture ultérieure sur le marché mondial. Selon certains en effet, la libéralisation des échanges dans des espaces régionaux permettrait aux entreprises africaines d'élargir leurs débouchés et de s'habituer ainsi aux contraintes de la compétition internationale. Mais, l'intégration économique dépasse la simple intensification des échanges, elle implique des règles communes et un arbitrage entre les préférences des institutions nationales, d'où la nécessité de la coopération institutionnelle[1]. Cette dernière est supposée exercer des effets bénéfiques sur le commerce intra-zone selon l'analyse récente des fondements de l'intégration, car les membres d'une union économique importeraient mutuellement non seulement leurs productions, mais aussi leurs institutions avec leur processus de décision. On a pensé qu'il est possible que les effets de cette dimension politique de l'intégration sur la stabilité économique et la croissance soient plus importants que ceux qui résultent du développement des échanges commerciaux internes. Un des arguments avancés est que la liberté d'action des gouvernements dans

---

[1] Cette idée a été notamment développée lors de la conférence organisée en avril 1992 par la Banque mondiale sur *Les nouvelles dimensions de l'intégration régionale*, à travers l'étude de JAIME de MELO, Arwind PANAGARIYA et Dami RODRIK, citée par P. et S. GUILLAUMONT [1993], P. GUILLAUMONT et S. GUILLAUMONT-JEANNENEY [1993], « L'intégration économique : un nouvel enjeu pour la zone franc », *Revue d'économie du développement*, n° 2.

leur choix de politique économique est contrainte par la présence de «lobbies» dont les objectifs diffèrent de ceux des gouvernements. Comme ces derniers agissent en prenant en compte les préférences de ces lobbies, ils ne peuvent adopter la politique optimale d'un point de vue économique. La coopération institutionnelle permettrait donc de réduire le poids de groupes politiquement importants dans chaque pays, et de libérer les décisions de politique économique de la pression des intérêts privés. A cet «effet de dilution des préférences » (*the preference dilution effect*) viendrait s'ajouter une plus grande liberté dans le choix des instruments, choix qui se trouveraient libérer des contraintes historiques propres à chaque Etat (c'est « l'effet de création institutionnelle » ou *the institutional-design effect*). Dans le même temps, la coopération institutionnelle entraînerait une réduction de l'autonomie politique de chaque Etat, c'est-à-dire une subordination aux préférences des autres Etats. L'arbitrage entre les préférences des différents Etats qu'impliquerait cette subordination pourrait se traduire par un compromis favorable à certains Etats et défavorables à d'autres. Il en résulterait alors un troisième effet : « l'effet d'asymétrie des préférences» (*the preference asymetric effect*). Ces effets bénéfiques auraient d'autant plus de chance de se produire dans les pays en développement que cette coopération associerait ceux-ci à des pays industrialisés. Mais dans le cas de la coopération monétaire en zone Franc, on a pensé que *l'effet de dilution des préférences* n'a pas pu s'exercer pleinement, et que *l'effet de création institutionnelle* a été affaibli (P. et S. GUILLAUMONT[1]). Ainsi justifiée, la coopération institutionnelle visait plus d'autonomie de l'action publique, comme la justice, la gestion monétaire, le contrôle des assurances et des banques, etc.

Outre cette amélioration des institutions, les nouvelles formes de coopération doivent aussi contribuer à lever les obstacles à l'intégration commerciale des économies, en exerçant un effet positif sur le commerce intra-zone, en levant les principaux obstacles à l'application des unions douanières, comme l'inefficience des productions et les problèmes budgétaires des Etats. En effet, selon certains, la productivité des économies de la zone Franc est limitée par les contraintes administratives et l'incertitude sur l'application des règles juridiques, ainsi que par la faiblesse des taux d'investissement. Le premier facteur a été perçu

---

[1] loc. cit., 1993, p. 91

comme un ensemble d'éléments de rigidité du secteur moderne, lequel se trouve dans l'incapacité de s'ajuster à la concurrence étrangère. On a développé à ce propos l'idée qu'il était nécessaire de définir une législation et une jurisprudence claires et modernes, de sorte que des politiques comme la privatisation des entreprises publiques soient facilitées. Il en est de même de la réhabilitation des systèmes bancaires et de l'intégration financière, lesquelles ont été considérées comme de nature à réduire les coûts de transaction des entreprises. En un mot, on a pensé que des règles juridiques claires, et convenablement appliquées, devraient accélérer les décisions, éliminer les rentes et améliorer les mécanismes de marché. Ainsi, la plus grande mobilité de l'épargne nationale et étrangère que rendrait possible l'intégration financière favoriserait la reprise de l'investissement, tout comme la solidité des intermédiaires financiers, et partant les progrès de productivité. S'agissant des finances publiques, l'idée admise était que la coopération institutionnelle contribuera à leur assainissement, notamment dans les différents domaines qui les rendent déséquilibrés. Il en a été par exemple ainsi de la fiscalité dont on a pensé qu'elle était mal adaptée et mal appliquée. A ce sujet, on a admis que le commerce extérieur ne devait pas être une base importante des impôts si l'on voulait accroître la compétitivité des économies ou réaliser des unions douanières.

A la dynamique de l'économie internationale, caractérisée par la fragmentation de l'économie mondiale en blocs commerciaux et le risque de marginalisation accrue de l'Afrique appelant lui-même à des réformes institutionnelles[1], s'ajoutait la dynamique propre à la zone Franc.

SECTION 2
DE LA DYNAMIQUE DE LA ZONE AUX NOUVELLES STRATEGIES INSTITUTIONNELLES

Les fondements des politiques de convergence en zone Franc se trouvent aussi dans cette dynamique propre de cette zone, caractérisée par la grave crise qui l'a secouée à partir du milieu des années 80, et qui elle-même a suscité de nouvelles stratégies sur le plan institutionnel en

[1]Compte tenu du rôle des institutions dans la croissance, tel que celui-ci a été mis en évidence par D. NORTH [1990]. Cf. *Institutions, Institutional change and Economics Performance*, Cambridge University Press.

général, et la convergence des politiques économiques au sein de la zone en particulier.

A- DE LA CRISE EN ZONE FRANC AUX STRATEGIES INSTITUTIONNELLES

La crise a soulevé un débat général quant à l'efficacité de ce que l'on peut appeler *le système zone Franc*. C'est ainsi qu'on a assisté à de nombreuses réformes à caractère institutionnel.

1- Crise économique et efficacité du système

Il convient de rappeler quelques aspects significatifs de cette crise économique et financière, avant de voir le rôle imputé aux mécanismes de la zone.

a- Les aspects de la crise économique et financière

La crise que connaissent les pays africains de la zone est essentiellement financière. Selon certaines études[1], l'inflation en zone Franc africaine a été pendant trois décennies significativement inférieure à ce qu'elle a été dans les autres pays en développement. Mais dans les années 70, la zone a connu une croissance excessive de la masse monétaire, notamment avec la hausse du prix des principaux produits exportés par les pays membres (café, cacao, coton, palmier à huile, uranium, phosphate, pétrole, etc.). En effet, la création monétaire a d'abord trouvé sa contrepartie dans l'augmentation des réserves extérieures des pays, ensuite dans l'accroissement des crédits à l'économie, le système bancaire distribuant largement ces crédits à des entreprises publiques ou non et intervenant essentiellement dans la commercialisation des produits primaires[2]. Dans le cas des entreprises

---

[1] cité par P. GUILLAUMONT et S. GUILLAUMONT-JEANNENEY [1993], loc. cit., p. 89 ; voir aussi les mêmes auteurs : *Zone franc et développement africain*. Paris : Economica, 1984.

[2] Le système bancaire en zone Franc a généralement financé beaucoup plus les activités de commercialisation de ces produits que les activités de production ; de ce fait il maintient les économies dans leur statut historique d'économies productrices de matières premières. Ceci peut être perçu en interprétant les statistiques monétaires et de crédit. Dans la zone CEMAC par exemple, les crédits à court terme (y compris ceux destinés à la commercialisation) représentent plus de 70 % des crédits à l'économie, de 1973 à 2000. Voir FOUDA OWOUNDI [1987], *Evolution du système financier et pratiques informelles et de prêt en Afrique Centrale*. Thèse de 3e cycle en Monnaie

publiques, il semble que les crédits de campagne pouvaient être détournés de leur objet pour servir au financement de leurs charges de structure, charges particulièrement élevées en raison des missions desdites entreprises (vulgarisation, commercialisation de produits agricoles, etc.). La création monétaire a enfin trouvé une seconde contrepartie dans le financement monétaire des déficits budgétaires. Lorsque les cours des matières premières ont chuté et que les financements extérieurs se sont raréfiés, les Trésors publics ont utilisé excessivement la faculté d'avances des banques centrales prévue par leurs statuts. Ils ont même contourné la règle qui limite à 20 % des recettes fiscales ou budgétaires ces avances, et ce à travers des crédits bancaires aux entreprises publiques, à l'égard desquelles on savait pourtant que les Etats accumulaient d'importants arriérés de paiement. Cette politique a engendré, certainement avec l'effet d'autres facteurs, deux conséquences majeures : la crise des systèmes bancaires, l'inflation et la spéculation sur le franc CFA.

En ce qui concerne la crise bancaire, les crédits aux entreprises publiques ou sur la base de considérations politiques ont entraîné une dégradation de la qualité des portefeuilles bancaires, avec un volume de créances irrécouvrables très élevé et une grave situation d'illiquidité. Au 31 août 1989, les engagements de la BEAC par exemple sur les établissements de crédit se sont élevés à 8 milliards de francs CFA, dont 5,2 milliards (65 %) de créances sur les établissements en situation critique, et 2,4 milliards (30 %) d'impayés[1]. L'illiquidité et l'insolvabilité ont conduit la plupart des banques, voire la totalité, à fermer, comme ce fut le cas au Bénin en 1992[2].

S'agissant de l'inflation, elle a été plus rapide dans la plupart des pays africains de la zone que l'inflation française. Compte tenu du rattachement des francs CFA au franc français, les taux de change réels

---

Finance Banque, Université Lyon II. ; et FOUDA OWOUNDI [1992], « Accès au crédit bancaire, développement du système informel et mobilisation de l'épargne en Afrique », *L'Actualité économique (Revue d'analyse économique).* Vol. 68, n° 4 pp. 665-696.

1 Selon la Commission Bancaire de l'Afrique Centrale-COBAC [1995], *Rapport annuel, Exercice 1993/1994.*

2 Selon A. LENOIR [1999], « L'Afrique : redistribution des cartes », *Revue d'économie financière.* N° 41, pp. 169-177 ; dans le même sens, voir A LENOIR [1997], « La situation et les perspectives d'évolution des systèmes financiers d'Afrique noire francophone », *Banque stratégie*, n° 162, Juillet-Août, pp. 11-15.

se sont donc appréciés. La question de leur surévaluation a été très débattue dans la littérature économique, notamment avec des auteurs comme COLLANGE et PLANE [1994][1], DEVARAJAN [1994][2], etc. Ces débats ont surtout porté sur l'évaluation des taux de *mésalignement* (tm) par rapport au taux de change d'équilibre (tcre). Pour des raisons d'ordre méthodologique, que P. HUGON [1999][3] a admirablement relevées, les résultats disponibles obtenus sur cette question sont restés très contrastés (tableau 11)[4].

Tableau 11- Taux de mésalignement du franc CFA

Sources	**I**			**II**				**III**	
Années	**1965-74**	**1975-81**	**1980-85**	**1975**	**1980**	**1985**	**1990**	**1993**	**fin 1994**
Bénin				1,4	0,4	-27,2	-31,9	3	-51
Burkina				-4,8	-9,8	-18,9	-28,3	9	-44
Cameroun	5 à 10		plus de 20	11,2	10,9	6,8	20,6	78	68
Centrafrique				-3,9	17,5	18,7	12,6	20	-7
Congo				-1,5	-6,6	-5,5	-10,6	58	35
Côte d'Ivoire	5 à 10		inférieure à 10	-4	25,3	-4,4	-1,5	36	9
Gabon	3 à 5		supérieure à 10	12,4	25	14,2	13,9	51	42
Mali				1,5	-7,3	-14	-18,4	39	9
Niger				-2,4	14,2	-0,5	-25	17	-27
Sénégal	3 à 5		supérieure à 2-3	28	5,8	10,6	-1,8	22	-17
Tchad				-6,1	-11,8	-30	-45,2	-19	-66
Togo				6,1	2,8	-15,4	-22,2	52	25
Ensemble Zone Franc	hausse régulière du Tm	baisse du Tm	30 à 40						

Sources : C. EBOUE (1994) (I)[5] (**I**) ; COLLANGE et PLANE [1994] (**II**) et S. DEVARAJAN [1996] (**III**).

---

[1] COLLANGE, Gérard et PLANE, Patrick [1994], « La dévaluation des francs CFA : le cas de la Côte d'Ivoire », *Economie Internationale*, n° 58 pp. 3-25

[2] DEVARAJAN, Shantayanan [1996], « Désalignement des taux de change réels dans la zone CFA », *Revue d'économie du développement*, n° 3-4, pp. 41-61

[3] HUGON, Philippe [1999], *La zone Franc à l'heure de l'euro*. Paris : Karthala.

[4] La lecture du tableau se fait de la manière suivante : tm >1, il y a surévaluation ; et si au contraire tm < 1, il y a sous-évaluation.

[5] C. EBOUE [1994], *Was the Franc CFA really over-valued ?*, CERETIM URA 1240 CNRS, Faculty of Economics, University of Rennes I. Working paper.

Avec cette situation, il s'est développé autour des francs CFA une forte spéculation, caractérisée entre autres traits par une préférence des résidents de la zone pour les dépôts bancaires internationaux. En 1993, ceux-ci représentaient environ 41 % de l'ensemble de leurs dépôts[1]. Par la suite, la BEAC et la BCEAO ont décidé de ne plus procéder au changement manuel de leurs billets de banque respectifs.

Par ailleurs, avec le boom des produits primaires et l'accès facile aux financements internationaux, les pays ont accru leur endettement extérieur, et augmenté massivement leurs dépenses budgétaires. C'est ainsi que se sont gonflés les effectifs de la fonction publique, et que de vastes programmes d'investissements publics ont été mis en oeuvre, etc. Le tableau 3 montre qu'entre 1975 et 1985, le solde budgétaire global en zone Franc exprimé en pourcentage du PIB a été en moyenne de 5,0 %. Mais la moyenne entre 1986-1993 a été de –7,6 %. En ce qui concerne la dette extérieure, la moyenne en pourcentage du PIB est passée de 38,2 % pour 1975-1985 à 93,5 % pour 1986-1993. Les déséquilibres financiers enregistrés ont donc été très importants, pendant que la croissance de son côté battait de l'aile. Selon ce tableau, le PIB réel a varié annuellement de 4,6 % en moyenne pour la période allant de 1975 à 1985, mais entre 1986 et 1993, cette variation n'était plus que de 0,1 %.

b- Rôle des mécanismes de la zone et efficacité du système

Ces mauvaises performances ont été imputées pour une large part aux mécanismes de la zone[2]. D'une part, on a conclu que ses institutions se sont révélés inefficaces dans le renforcement de l'équilibre budgétaire dans la majorité des Etats membres, suite aux chocs négatifs externes qui sont intervenus après 1985. Il convient de noter en effet que de nombreux Etats de la zone étaient déjà en déficit avant l'arrivée des chocs externes en 1986, et que la situation n'a fait que s'aggraver après 1986. Mais pour la Côte d'Ivoire par exemple et les pays exportateurs de pétrole comme le Cameroun, le Gabon et le Congo, il y a eu une dégradation considérable de leurs performances, ce qui a été la preuve d'une incapacité à s'ajuster aux chocs. D'autre part, la BEAC et la BCEAO en finançant les

---

[1] Cf. FOUDA OWOUNDI [2001], « Le franc CFA peut-il devenir une monnaie forte ? », *Mondes en développement*, tome 29, p. 166.

[2] C'est le sens de l'article de D. STASAVAGE [1996], « La Zone franc et l'équilibre budgétaire », *Revue d'économie du développement*, n° 4, pp. 145-178.

gouvernements, directement et indirectement, à travers les banques commerciales et les banques de développement, auraient favorisé les déséquilibres financiers. En effet, elles ont été entre 1986 et 1993, en plus de l'endettement extérieur et de l'accumulation des arriérés auprès des fournisseurs et des créanciers, une source de financement importante et à contre courant des mesures de stabilisation nécessaires. On a même relevé à ce sujet que les représentants du Trésor français n'ont pas été à mesure de faire pression sur ces banques centrales et les gouvernements membres pour réaliser les ajustements nécessaires face à une détérioration importante des termes de l'échange. Ils auraient par contre poussé les Etats à rechercher des financements auprès du FMI et de la Banque mondiale.

En outre, les mécanismes de la zone aurait joué un rôle négatif à partir du moment où le manque de discipline budgétaire a provoqué une chute des réserves de change et un accroissement de la dette extérieure, sans que la gravité de la situation soit immédiatement mise au grand jour. Les pays membres de la zone auraient plus exactement profité non seulement du niveau des avoirs extérieurs des autres pays mais également des possibilités de débit offertes par les comptes d'opérations. Si le taux de change avait été flottant, cela ne se serait pas produit, la sanction politique suite à l'inflation et à la dépréciation de la monnaie aurait été beaucoup plus immédiate, ce qui aurait incité à plus de discipline budgétaire.

Mais en dehors des mécanismes propres à la zone, il y a eu aussi une conjonction de chocs exogènes (dégradation des termes de l'échange, avec la baisse des cours internationaux des principales exportations ; baisse du dollar par rapport au franc français, avec une incidence négative sur les recettes d'exportation ; politiques agressives de dépréciation du change menées par les pays voisins, notamment le Nigeria et le Ghana).

Toujours est-il que les problèmes engendrés par cette crise, tant sur le plan économique que socio-politique, ont créé une interrogation sur l'efficacité du système. Des auteurs comme J. M. BOUGTHON [1992][1] ont proposé de l'apprécier par rapport aux critères de zone monétaire optimale, notamment de degré de mobilité de la main-d'œuvre, de

[1] J. M. BOUGTHON [1992], « Le franc CFA : une zone de fragile stabilité en Afrique », *Finance et développement,* décembre. pp. 34-36.

similarité des effets des chocs exogènes, ainsi que d'importance des échanges internationaux. Des études sur les pays de la zone ont montré selon lui l'existence de cas où les salaires réels ont baissé en période d'inflation, avec en même temps des exemples de tentatives avortées de baisse des salaires nominaux – surtout dans le secteur public – et les périodes de déflation. Cet auteur constate de plus que lorsque les cours du café et du cacao ont chuté au milieu des années 80, les prix aux producteurs n'ont été ajustés que très lentement. Il affirme aussi que la mobilité de la main d'œuvre a été très forte à certains endroits, comme en Côte-d'Ivoire où l'on a estimé à 25 % de la population active le nombre des étrangers. Malheureusement, la migration ne fournit d'après lui qu'une solution partielle d'adaptation aux fluctuations de la conjoncture, dans la mesure où les villes sont très éloignées les unes des autres et que le réseau de transport est restreint. Il a été aussi montré que la baisse des cours n'a pas été uniforme pour les différents produits d'exportation, car avec la variation de la structure des exportations d'un pays à un autre, les mouvements divers de prix ont entraîné des variations très inégales des termes de l'échange. Enfin, les échanges intra-régionaux sont demeurés très limités dans la zone. Par exemple entre 1985-1987, ils ne représentent que 7,5 % des échanges.

Ce débat s'est transformé en un débat sur le type de mesures à prendre et a opposé deux stratégies concurrentes. La première envisageait la dévaluation du franc CFA afin de réduire le coût des facteurs en termes réels. Elle a été défendue par les institutions de Brettons Wood, qui y voyaient un préalable indispensable à la conduite de réformes structurelles. La seconde envisageait la baisse des salaires nominaux et l'augmentation de la productivité afin de rendre les économies compétitives. Elle était privilégiée par la France.

Ne pouvant pas utiliser l'instrument du taux de change, les pays de la zone ont été contraints dans un premier temps de recourir exclusivement à une politique d'ajustement structurel réel, et dont il faut dire que les coûts sur l'activité ont été importants dans les pays comme le Cameroun, la Côte d'Ivoire et le Gabon[1]. Mais du fait des rigidités à la baisse des salaires nominaux, les autorités ne sont pas parvenues à une réduction des salaires réels. Dès lors, le maintien de la parité devenait de plus en plus impossible, ce d'autant que les pays de la zone avaient

---

[1] G. SEMEDO et P. VILLIEU [1997], op. cit.

impérativement besoin des interventions du FMI et de la Banque Mondiale. En effet, lorsque les comptes d'opérations des deux banques centrales sont devenus débiteurs, ces pays ont sollicité une aide du FMI (le Sénégal et le Togo en 1981, le Mali en 1983, la Côte d'Ivoire en 1984, le Gabon en 1987 et le Cameroun en 1989). C'est ainsi que le FMI s'est trouvé directement impliqué dans le redressement économique et financier des pays de la zone. Avec la situation des finances publiques et l'éventualité d'une dévaluation, comme préalable pour la négociation d'un plan d'ajustement structurel, il y a eu une forte attaque spéculative contre le franc CFA. Celle-ci a été illustrée par l'accélération de la fuite de capitaux. Pour mémoire, en 1991, 30% et 50% de billets émis respectivement par la BCEAO et la BEAC sont sortis de leur zone d'émission; en 1992, 40% et 60%. Au premier semestre de l'année 1993, la fuite aurait atteint 270 milliards de francs CFA, soit près de 15% de la masse monétaire. Cette situation a conduit la Banque de France à décider en août 1993 de ne plus racheter les billets sortis de la zone africaine. A leur tour, la BEAC et la BCEAO ont décidé chacune un mois après de ne plus reconnaître les billets émis par l'autre. Lorsque la France, par la voix de son Premier Ministre Edouard BALLADUR, a fait savoir qu'elle n'accordera plus son aide budgétaire qu'aux pays qui négocient avec le FMI[1], le Franc CFA a connu des attaques spéculatives encore plus fortes. La décote sur les marchés parallèles a atteint 50 à 60%. Finalement, le 13 janvier 1994, il a été dévalué de 50 %, ce qui a ramené sa parité de 1 Franc CFA = 0,02 FF à 1 Franc CFA = 0,01 FF.

La gravité de la crise économique et financière a mis au grand jour la nécessité de compléter les politiques monétaires communes. Avec cette crise, la question de l'intégration a pris encore plus d'importance et a été traitée à partir d'un ensemble de nouvelles stratégies.

2- Les nouvelles stratégies institutionnelles

Selon E. BERG [1993][2], quatre stratégies étaient en présence : 1° la stratégie « dominante » qui se fondait sur les accords commerciaux préférentiels, mais qui visait à instaurer une communauté économique entièrement intégrée ; 2° la stratégie globale orientée vers la production

---

1 Voir la lettre publiée dans *Le Monde* du 23 septembre 1993.

2 E. BERG [1993], « L'intégration économique en Afrique de l'Ouest : problèmes et stratégies », *Revue d'économie du développement*, n° 2, p. 61

et préconisée par la Commission Economique pour l'Afrique (C.E.A.) ; 3° la stratégie prônant un protectionnisme minimal et une ouverture sur l'extérieur, soutenue par la Banque mondiale ; et enfin, 4° la stratégie lancée par la France, qui prônait une intégration verticale en renforçant la coopération entre elle et les pays africains. C'est cette dernière stratégie qui l'a emporté. Elle consistait en un ensemble de réformes visant à transformer la zone Franc en une véritable union économique et monétaire et en un grand marché unique. Elle a reçu une approbation générale et les encouragements des Ministres des Finances de la zone en avril et octobre 1991. Sa présentation la plus explicite est certainement celle donnée par Edwige AVIDE, Ministre français de la Coopération et du Développement, dans son discours du 03 octobre 1991 à la réunion de ces Ministres. Lors de cette réunion, elle s'est félicitée du mouvement général observé en Afrique vers des réformes démocratiques et de meilleures méthodes de gouvernement. En promettant le soutien de la France dans cette «phase de transition cruciale», elle a indiqué les grandes lignes à suivre : *transformer progressivement l'union monétaire (zone franc) en une véritable communauté économique avec des règles et règlements communs et des autorités économiques régionales*[1].

Mais, selon cette stratégie, il était difficile d'instaurer un marché unique à partir d'une libéralisation des échanges internes et la mise en place de tarifs extérieurs communs. Cette démarche s'était avérée inefficace pour les Etats dont les recettes douanières constituent l'une des principales sources de revenus. Il convenait donc de construire l'intégration sur la base de la coopération monétaire existante. En vertu de ce principe, il a été recommandé de s'attacher à mettre en œuvre une approche régionale pour réhabiliter les systèmes financiers, développer des jurisprudences, règlements et autres institutions communes et à coordonner les politiques économiques. A l'occasion de cette réunion, de nombreux domaines d'activités avaient ainsi été suggérés. Cette nouvelle façon d'aborder le problème de la coopération économique régionale a été qualifiée d'*intégration verticale*, par opposition aux approches horizontales, qui visent à rassembler des Etats et des agents économiques physiquement proches. Cette intégration verticale avait pour objectif l'instauration de liens plus étroits entre la France, pays avancé, et ses partenaires de la zone monétaire, pays en développement, avec lesquels

---

[1] Citée par E. BERG [1993], loc. cit, p. 67

elle partage une même langue, les mêmes institutions administratives et juridiques. L'impulsion à donner à l'intégration économique devait donc reposer sur les expériences de coopération monétaire, ainsi que sur des stratégies institutionnelles. On peut regrouper ces dernières en deux principaux groupes : d'une part, les réformes visant le passage à l'union monétaire et à la convergence des politiques macroéconomiques; et d'autre part, l'assainissement juridique du cadre macroéconomique et la promotion de la finance directe.

a- Passage à l'union monétaire et convergence des politiques macroéconomiques

En ce qui concerne le premier groupe de réformes, il convient de distinguer le passage à l'union monétaire et la convergence des politiques macroéconomiques.

i- Le passage à l'union monétaire

Contrairement à l'expérience européenne où l'on a fait précéder l'union monétaire par l'intégration économique, l'idée retenue ici était d'exploiter les avantages liés à une coopération monétaire fort ancienne pour accélérer le processus d'intégration économique. Le point de départ de cette vision se trouve sans doute dans les enseignements de la théorie des zones monétaires optimales, telle que celle-ci a été présentée par MUNDELL [1961]. En effet, si une convergence préalable des structures économiques est indispensable pour se constituer en union monétaire (fixité des taux de change), on peut admettre qu'à l'inverse, la monnaie unique doit être impérativement stable pour constituer un bon fondement de l'union économique. Il était donc nécessaire de renforcer la monnaie en zone Franc, de sauvegarder sa valeur tant à l'intérieur qu'à l'extérieur. Au niveau intérieur par exemple, cela obligeait à pratiquer une politique monétaire qui s'applique identiquement à tous les pays, afin éviter que les mesures prises par les différents pays n'aient une incidence négative sur la valeur de la monnaie. Cette préoccupation elle-même a été déclinée en trois axes. Le premier était relatif à l'indépendance de la banque centrale, question qui a été largement débattue au cours des dernières années, à la suite des discussions portant sur l'unification monétaire européenne. L'indépendance de l'autorité monétaire a été perçue comme de nature à renforcer la crédibilité de la politique monétaire, et partant à assurer et à maintenir la stabilité des prix à plus long terme. Elle s'est imposée dans le cas de l'union monétaire européenne. Pour les pays de la zone, elle a conduit à une réforme des statuts des banques centrales, et constitue un aspect clé des textes constitutifs des unions économique et monétaire. Le second portait sur la révision des méthodes de gestion de la monnaie. On y retrouve l'influence des théories de la répression financière, développées notamment par Mc KINNON et SHAW[1], qui pensent que l'administration des taux d'intérêt est source d'inefficience, tout comme la présence de l'Etat dans le capital des banques. On a pensé que les instruments de politique monétaire tels que l'encadrement du crédit, l'application de taux d'intérêt privilégiés à certaines opérations, devaient être supprimés. L'influence de ces théories a été grande. Depuis 1994, le contrôle monétaire se fait par les taux d'intérêt, à travers les interventions des banques centrales sur le marché monétaire. Dans le cas de l'Afrique centrale, le caractère régional du marché monétaire créé à cet effet en juillet 1994 constitue sans nul doute l'expression la plus visible de la volonté de passer à l'union monétaire. Ce dispositif instrumental a été complété par la mise en œuvre de la *programmation monétaire*[2]. Le troisième axe était relatif à la surveillance de l'activité des banques, dont on sait qu'elles se trouvent à la base de la création monétaire. Pour être viable, on a pensé que l'union monétaire devrait bénéficier d'une harmonisation et d'un même contrôle des réglementations bancaire, monétaire et financière. C'est ainsi que des commissions bancaires sous-régionales ont été créées. Pour les pays membres de la BEAC par exemple, la Commission Bancaire de l'Afrique Centrale (COBAC) a été créée en 1990. Celle-ci a des compétences étendues en matière d'harmonisation et d'application des règles relatives à la collecte, à l'affectation de l'épargne financière et au régime de

---

[1] Cf. I. Ronald, McKINNON [1973], *Money and Capital in Economic Development*. Washington, D. C. : Brookings Institution ; Edward S. SHAW [1973], *Financial Deepening in Economic Development*. New York : Oxford University Press.

[2] La programmation monétaire est issue des réformes de la politique monétaire et financière introduites en 1990. Elle est une technique bien répandue dans les pratiques des banques centrales des pays industrialisés. Elle consiste à définir une norme de progression des agrégats monétaires et de crédit et à fixer un montant maximum de refinancement des banques, en fonction des anticipations de croissance, de l'évolution des soldes budgétaires publics et de la balance des opérations courantes, du niveau général des prix, et aussi de la structure de l'endettement de l'État. Elle vise donc à établir des interrelations entre le secteur réel, la politique monétaire, la politique budgétaire et la contrainte extérieure, pour limiter davantage les tensions inflationnistes (AVOM et EYEFFA EKOMO [2007]).

change. Sa mission première est d'assurer efficacement la stabilité des systèmes bancaires nationaux compte tenu de son caractère supranational. Elle doit mettre en œuvre des règles de gestion et veiller scrupuleusement à leur respect par les établissements de crédit, de manière à prévenir toute situation d'insolvabilité ou d'illiquidité. Ces réformes ont été complétées par des mesures visant la convergence des politiques macro-économiques.

ii- La convergence des politiques macroéconomiques

L'idée de base était que le renforcement de la monnaie commune doit déterminer la politique macroéconomique de chaque pays. Comme le dit B. BEKOLO-EBE [1994] : *toute mesure de politique économique n'est acceptable que pour autant qu'elle est compatible avec cet objectif*[1]. Ceci impliquait donc un rapprochement des politiques macroéconomiques entre les Etats, et cette mise en cohérence devait concerner non seulement la politique d'endettement, mais aussi la politique de balance des paiements. L'impulsion de l'intégration économique prenant appui sur la monnaie commune, la coordination de la politique budgétaire avec la politique monétaire commune était indispensable. A cet effet, un dispositif de surveillance multilatérale devait renforcer la discipline en vigueur sur le plan monétaire, de même qu'un élargissement de la compétence communautaire en matière budgétaire devait prolonger le transfert de compétences acceptées pour d'autres composantes de la politique économique.

b- L'assainissement juridique du cadre macroéconomique et la promotion de la finance directe

S'agissant du deuxième groupe de réformes, il convient aussi de distinguer l'assainissement juridique du cadre macroéconomique et la promotion de la finance directe.

i- L'assainissement juridique du cadre macroéconomique

Pour le cadre juridique, le constat a été fait que les textes de droit en vigueur dans les différents Etats étaient devenus obsolètes, ce qui a

[1] Cf. B. BEKOLO-EBE [1994], « La réforme de la zone franc et les perspectives d'intégration en Afrique centrale », communication au Colloque *Développement endogène, fiscalité et intégration*, organisé par l'Institut de l'Economie et des Finances et la Faculté de Droit et de Sciences Economiques de Libreville, juin pp. 51-83

contribué à la dégradation de l'environnement juridique et institutionnel. Plus exactement, on a constaté que les législations étaient confuses, disparates et que la jurisprudence était extrêmement incertaine. Pour certains, les carences des systèmes judiciaires, notamment en matière de procédures et de voies d'exécution ou de recours, rendaient les décisions de justice arbitraires. Dans ces conditions, le droit économique devenait un obstacle majeur au bon fonctionnement des entreprises, aux activités de production et à la compétitivité. De cette appréciation est née l'idée d'accompagner l'intégration verticale par une intégration «par les règles», visant à une unité de droit. Ainsi, les règles de droit ont été réformées dans plusieurs domaines, afin d'homogénéiser l'espace juridique et partant économique. On peut citer pour mémoire : le droit des sociétés, le redressement des entreprises en difficultés, la liquidation judiciaire, le recouvrement des créances bancaires, la mise en œuvre des garanties, etc. Ces réformes visant la sécurité juridique et judiciaire nécessaire aux activités économiques, aux investissements et aux contrats financiers, ont été matérialisées par la signature du traité relatif à l'harmonisation du droit des affaires en Afrique. L'exécution des tâches y relatives a été confiée à l'Organisation pour l'Harmonisation en Afrique du Droit des Affaires (en abrégé, OHADA). Dans son esprit, le traité revêt une importance capitale. Il doit permettre d'établir un climat de confiance, nécessaire par exemple à la circulation des capitaux, dans un contexte mondial de basculement des systèmes financiers nationaux vers la finance directe.

ii- La promotion de la finance directe

L'émission de titres sur les marchés de capitaux est apparue aussi déterminante pour le renforcement de la monnaie commune, laquelle implique la limitation du financement monétaire des économies. Une concrétisation très visible de cette stratégie a été donnée lorsque, suite à la Convention de coopération pour la promotion et le développement de l'industrie des assurances, signée à Paris le 20 septembre 1990, les pays de la zone ont signé à Yaoundé, le 10 juillet 1992, «un traité instituant une organisation intégrée de l'industrie des assurances dans les Etats africains». Cette organisation – dénommée «Conférence Inter-africaine des Marchés d'Assurances» (en abrégé, CIMA) et qui voudrait favoriser une meilleure allocation des ressources dans les économies – a réaffirmé le rôle d'intermédiaire financier que doivent jouer les compagnies d'assurance dans le processus de développement économique et social[1]. C'est ainsi que ce traité a préconisé d'élargir de la fonction d'investisseur institutionnel aux *tontines* sous la forme de «sociétés tontinières»[2]. Il envisage dans le même sens la mise en place de nouveaux instruments financiers (actions, obligations, bons de trésor, etc.), qui doivent permettre la mobilisation de l'épargne longue, dans le cadre de marchés financiers[3] à créer. Ceux-ci eux-mêmes sont supposés diversifier les systèmes financiers, dont on a remarqué que l'adossement aux seuls secteurs bancaires constitue un élément de fragilité et d'instabilité de la monnaie commune.

Toutes les réformes ainsi effectuées en vue d'établir une coopération institutionnelle et relancer le processus d'intégration[4] ont été

---

[1] Les compagnies d'assurance émettent des titres indirects, ou polices d'assurance, qui garantissent un service de sécurité (versement d'un capital, d'une rente, ou réparation de préjudices). Elles constituent ainsi des provisions techniques qui représentent leurs engagements vis-à-vis des assurés et dont l'emploi doit se faire essentiellement par l'acquisition de titres financiers (actions, obligations, etc.). Collectant une épargne de précaution qu'elles utilisent en grande partie à l'achat de titres primaires, les compagnies d'assurance peuvent être analysées comme des intermédiaires financiers qualifiés d'investisseurs institutionnels". Cf. R. FERRANDIER et V. KOEN [1994].

[2] Selon le code unique des assurances des pays membres de la CIMA (article 331), les sociétés tontinières sont des sociétés d'assurance mutuelle qui réunissent leurs membres en associations et répartissent, au terme de chacune de ces associations, les fonds tirés de la capitalisation collective de leurs cotisations, entre les survivants des associations en cas de vie ou entre les ayants droit des décédés des associations en cas de décès, en prenant en compte l'âge et les versements des adhérents. Ces sociétés sont agréées dans la branche-vie relative aux opérations tontinières (article 328).

[3] Un séminaire sur la mobilisation de l'épargne longue et le financement des investissements en Afrique Centrale s'était tenu à Libreville du 24 au 26 mars 1997. Après avoir constaté la stagnation et même la baisse de l'investissement malgré la surliquidité des banques, les participants ont reconnu, conformément à la demande du conseil d'administration de la BEAC, la nécessité de créer "un marché financier doté d'une bourse des valeurs" en Afrique Centrale. Selon le communiqué de presse de la BEAC, mandat a été donné au Gouverneur pour entreprendre toutes les études nécessaires. Divers contacts ont été pris dans ce sens, notamment avec la Securities and Exchange Commission (SEC), la Financial Services Volunter Corps (FSVC), etc.

[4] E. BERG, loc. cit., [1993], par exemple, a pensé que ce type d'intégration risquait d'être considérée par les Etats africains n'appartenant pas à la zone franc comme « un instrument de division et une nouvelle forme de néo-colonialisme ». Des auteurs plus critiques encore, comme B. BEKOLO-EBE ([1994], loc. cit.), ont quant à eux considéré que la réforme de la Zone Franc trouvait simplement son origine dans la préoccupation

accompagnées par la création des unions économique et monétaire. Ces changements institutionnels dévoilaient en vérité les ambitions des gouvernements par rapport à la question du développement, du moins si l'on admet que les incitations qui motivent les agents économiques et déterminent la croissance dépendent des institutions, comme l'a montré NORTH [1990][1]. L'examen des textes créant les unions met en évidence ces ambitions et surtout le rôle que doit jouer la convergence des économies.

B- LE RÔLE DETERMINANT DE LA CONVERGENCE DES ECONOMIES

A travers ces unions les gouvernements ont voulu apporter une réponse nouvelle à la question du développement, en leur assignant des objectifs précis et des actions économiques et financières communes. Afin de l'illustrer, on prendra l'exemple de la CEMAC. A cet effet, nous examinerons d'abord ses objectifs, ensuite les actions économiques et financières envisagées, enfin la place de la convergence.

1- Objectifs des unions et convergence : cas la CEMAC

La création de la Communauté Economique et Monétaire de l'Afrique Centrale résulte de la volonté des gouvernements des pays membres de *donner une impulsion nouvelle et décisive au processus d'intégration en Afrique Centrale par une harmonisation accrue des politiques et des législations de leurs Etats*. Selon le traité (article 21), sa mission essentielle *est de promouvoir un développement harmonieux des Etats membres dans le cadre de l'institution de deux unions : une Union Economique et une Union Monétaire*. Il s'agit pour les Etats membres de

---

de la France face à la charge liée à l'apparition d'importants déficits de balances des paiements.

[1] D. NORTH définit les institutions d'une société comme l'ensemble des *règles du jeu*. Elles consistent, d'une part, en contraintes informelles (coutumes, traditions, codes de conduite, tabous, sanctions) et, d'autre part, en règles formelles (constitution, lois, droits de propriété). Leur intérêt dans l'analyse économique remonte aux travaux de Ronald COASE ([1937 ; 1960], *The Nature of the Firm and The Problem of Social Cost*) – prix Nobel 1991 – avec notamment l'accent mis sur la prise en compte des coûts de transaction. Il s'agit de coûts relatifs à la définition, la protection et la mise en application des droits de propriété sur les biens. COASE a montré que c'est seulement en l'absence de ces coûts que l'on obtient les résultats néoclassiques relatifs à l'allocation optimale des ressources. On trouvera chez ARROUS une synthèse sur cette analyse. Cf. J. ARROUS [1999], pp. 221-249.

passer, dans chacun de ces deux domaines, *d'une situation de coopération, qui existe déjà entre eux, à une situation d'union susceptible de parachever le processus d'intégration économique et monétaire.* En d'autres termes, la convergence se trouve au cœur des objectifs poursuivis par cette communauté.

a- Les objectifs de la CEMAC

Ces objectifs sont distincts pour chacune des deux unions. A travers **la création de l'Union Economique de l'Afrique Centrale (UEAC)**, les Chefs d'Etat voulaient assurément établir en commun les conditions d'un développement économique et social harmonieux dans le cadre d'un marché ouvert et d'un environnement juridique approprié. L'article 2 du traité indique ses objectifs spécifiques, à savoir : *a) renforcer la compétitivité des activités économiques et financières en harmonisant les règles qui régissent leur fonctionnement ; b) assurer la convergence vers des performances soutenables par la coordination des politiques économiques et la mise en cohérence des politiques budgétaires nationales avec la politique monétaire commune ; c) créer un marché commun fondé sur la libre circulation des biens, des services, des capitaux et des personnes ; d) instituer une coordination des politiques sectorielles nationales, mettre en œuvre des actions communes et adopter des politiques communes, ...*

La convention régissant cette union va plus loin, en précisant dans son article 3 que la réalisation des objectifs spécifiques ci-dessus se fera au cours d'un processus en trois étapes. Dans **la première étape**, d'une durée de cinq ans fixée à compter de l'entrée en vigueur de la convention, l'UEAC doit : - harmoniser les règles qui régissent les activités économiques et financières et élaborer à cet effet des réglementations communes ; - engager un processus de coordination des politiques nationales ; - initier, à travers une harmonisation de la fiscalité des activités productives et de la fiscalité de l'épargne, le processus de mise en place des instruments de libre circulation des biens, des services, des capitaux et des personnes ; - développer la coordination des politiques commerciales et des relations économiques avec les autres régions ; - etc.

Alors que dans **la deuxième**, d'une durée de cinq ans à compter de la fin de la première étape, elle doit : - établir la circulation des biens, des services, des capitaux et des personnes ; - engager un processus de coordination des politiques sectorielles nationales en matière d'environnement et d'énergie ; - renforcer et améliorer, en vue de leur interconnexion, les infrastructures de transport et de télécommunication des Etats membres ; - mettre en œuvre des actions communes dans les domaines prévus à l'article 4, et notamment : l'agriculture, l'élevage, la pêche, l'industrie, le commerce, le tourisme, les transports, les télécommunications.

Quant à **la troisième étape**, la convention prévoit dans son article 6, que la Conférence des Chefs d'Etat constatera d'abord l'état d'avancement du processus d'intégration économique, et décidera des actions à mener en vue de l'achèvement du programme des deux premières étapes. Cette étape doit permettre de décider de l'instauration des politiques communes dans les domaines précédemment rappelés, ainsi que dans les domaines de l'énergie, l'environnement, la recherche, l'enseignement et la formation professionnelle.

En ce qui concerne par contre **la création de l'Union monétaire de l'Afrique Centrale (UMAC)**, les Chefs d'Etat voulaient par contre intégrer leur coopération monétaire au sein d'une union monétaire articulée autour d'un institut d'émission commun. Ils voulaient surtout conforter la communauté de monnaie et les interdépendances qu'elle entraîne, par une mise en cohérence de leurs politiques économiques et un développement harmonisé de leurs économies nationales.

Afin d'atteindre les objectifs de l'une et l'autre union, des actions économiques et financières appropriées ont été prévues. Ces actions portent d'une part sur les politiques communes et sectorielles, et d'autre part sur le renforcement de la politique monétaire et du secteur financier.

i- Les politiques communes et sectorielles

Les Chefs d'Etats ont considéré leurs politiques économiques comme une question d'intérêt commun. Ils ont donc décidé d'en assurer la coordination au sein d'un Conseil des Ministres en vue de réaliser des objectifs ci-dessus. Ils s'étaient ainsi engagés à assurer l'harmonisation des législations fiscales qui régissent les activités économiques et financières, et à créer un marché commun, au plus tard au terme de la deuxième étape de la construction de l'Union. Ce marché doit être caractérisé par : - l'élimination des droits de douane intérieurs, des restrictions quantitatives à l'entrée et à la sortie des marchandises, des taxes d'effet équivalent ; - l'établissement d'une politique commerciale commune envers les Etats tiers ; - l'institution de règles communes applicables aux entreprises et aux aides d'Etat ; - la mise en œuvre du principe de liberté de circulation des travailleurs, de liberté d'établissement, de liberté des prestations de services, de liberté d'investissement ou de mouvements des capitaux ; - l'harmonisation et la reconnaissance mutuelle des normes techniques ainsi que des procédures d'homologation et de certification.

Cela implique pour les Etats membres une double interdiction : celle d'introduire entre eux tout nouveau droit de douane à l'importation et à l'exportation, de nouvelles restrictions quantitatives à l'exportation ou l'importation ; et celle d'introduire toute disposition en faveur d'une entreprise située sur leur territoire et visant à des dérogations ou des exonérations susceptibles d'affecter la concurrence entre les entreprises de l'Union Economique. A cet effet, le Conseil des Ministres doit arrêter les règlements relatifs à l'interdiction : - des accords, associations et pratiques concertées entre entreprises, ayant pour objet de restreindre ou de fausser le jeu de la concurrence ; - des aides publiques susceptibles de fausser la concurrence en favorisant certaines entreprises ou certaines productions ; - etc. Il doit également arrêter les règlements relatifs à la réalisation du marché commun et veiller au respect de trois règles :

1° la libre circulation des travailleurs ou de la main-d'œuvre. Celle-ci implique une harmonisation préalable des règles relatives à l'immigration dans chaque Etat, des dispositions pertinentes des codes de travail nationaux, ainsi que des dispositions législatives et réglementaires applicables aux régimes et organismes de protection sociale. Elle implique en outre l'abolition de toute discrimination fondée sur la nationalité entre les travailleurs des Etats membres, en ce qui concerne notamment la recherche et l'exercice d'un emploi, dans les secteurs autres que les secteurs public, parapublic, stratégique ; de même que l'établissement d'un droit d'entrée, de se déplacer et de séjourner sur le territoire des Etats membres ;

2° le droit d'établissement, qui comporte entre autres dispositions, l'accès pour les investisseurs de la sous-région aux activités non salariés et à leur exercice, ainsi que l'acquisition, la constitution et la gestion d'entreprises ;

3° la liberté des prestations de services, notamment les services qui interviennent de façon directe dans les coûts de production, ou dont la libération contribue à faciliter les échanges de marchandises.

Les Chefs d'Etat s'étaient engagés en outre à mener des **politiques sectorielles communes**. Dans le domaine de l'enseignement, la recherche et la formation professionnelle, ces politiques ont pour but la rationalisation et l'amélioration des performances. Dans le domaine des transports et des télécommunications, il s'agit du renforcement et de l'amélioration, en vue de leur interconnexion, des infrastructures de transport et de télécommunications des Etats membres. Dans les autres domaines (agriculture, élevage et pêche, énergie, protection de l'environnement, industrie, et tourisme), les politiques communes doivent porter sur la définition par voie de règlements par le Conseil des Ministres des systèmes d'information mutuelle, auxquels doivent participer les Etats membres en vue de la coordination de leurs politiques dans chacun de ces domaines. Elles doivent porter également sur la définition par voie de recommandations des orientations que les Etats membres sont invités à mettre en œuvre simultanément, en vue d'assurer leur développement en général. Dans les cas de l'agriculture, de l'élevage et de la pêche, ces politiques doivent être basées sur l'amélioration de l'efficacité économique et sociale, notamment à travers : l'accroissement de la productivité et le développement du progrès technique ; la rentabilité des filières et la stabilité des marchés ; la sécurité des approvisionnements ; etc.

ii- Le renforcement de la politique monétaire et du secteur financier

Le renforcement de la politique monétaire et du secteur financier quant à lui vise la transformation de la coopération monétaire en union monétaire. En effet, celle-ci se définit par l'adoption d'une même unité monétaire dont l'émission est confiée à un institut d'émission commun, ainsi que par un engagement des Etats membres d'apporter leur concours au respect des règles génératrices de l'émission monétaire, à la mise en commun des réserves de change, à la libre circulation des signes monétaires au sein des Etats membres de l'union, à la liberté des transferts, ainsi qu'aux moyens d'harmonisation des législations monétaire, bancaire et financière et du régime des changes ; tout comme celles qui sont relatives aux procédures de mise en cohérence des politiques économiques[1]. Sur ce dernier point, la convention de l'Union monétaire prévoit dans son article 11 que le Comité Ministériel examine les grandes orientations des politiques économiques respectives des Etats membres et en assure la cohérence avec la politique monétaire commune. L'objectif principal de celle-ci est de garantir la stabilité de la monnaie, objectif auquel sont assujetties les missions fondamentales de la banque centrale, à savoir : - *définir et conduire la politique monétaire de l'Union monétaire ; - émettre des billets de banque et les monnaies métalliques ayant cours légal et pouvoir libératoire dans l'union monétaire ; - conduire les opérations de changes ; - détenir et gérer les réserves de change des Etats membres ; - promouvoir le bon fonctionnement des systèmes de paiement*[2].

Mais sans préjudice de cet objectif, l'institut d'émission commun doit également apporter un soutien aux politiques économiques générales élaborées par les Etats membres. A cet effet, ladite convention stipule qu'il participera à l'exercice de la surveillance multilatérale. Afin de mener à bien cette mission, ses nouveaux statuts particuliers, par ailleurs annexés à cette convention, lui confèrent une certaine indépendance vis-à-vis des gouvernements. En effet, le Gouverneur devient le président de son Conseil d'Administration, lequel est compétent pour définir et mettre en œuvre la politique monétaire de l'Union (article 29 des statuts). Nommé par la Conférence des Chefs d'Etat de la CEMAC, celui-ci en assure la direction et convoque le Conseil d'Administration. Il fixe l'ordre du jour de ses travaux, préside ses délibérations et fait exécuter ses décisions (articles 30 et 40 des statuts).

Par rapport au renforcement de la monnaie, les Etats membres se sont obligés aussi à prendre toutes les dispositions nécessaires, d'ordre national ou international, afin d'assurer au fonds commun de réserves de change (compte d'opérations) une position créditrice. Ils se sont obligés en plus à adopter une réglementation bancaire harmonisée, à renforcer la réglementation commune existante en matière bancaire et financière, et d'en assurer le contrôle. A cet effet, l'harmonisation des réglementations et le contrôle de l'activité bancaire ont été confiés à un organisme à caractère supranational, la COBAC.

---

[1] D'après l'article 5 de la convention régissant l'UMAC.

[2] extrait de l'article 22 de la même convention

On peur noter cet organisme illustre le principe du transfert explicite de souveraineté au profit d'institutions communes, dans les domaines économiques où l'action communautaire est plus efficace que des actions nationales isolées. Ce principe n'est pas une caractéristique propre au Traité instituant la CEMAC et à ses conventions annexes, on le retrouve aussi dans le Traité de l'UEMOA[1].

Intervenant dans le contexte économique de dévaluation de la monnaie commune – le Franc CFA, ces traités sont en fait l'expression d'une forte volonté politique des gouvernants, en vue d'opérer un ajustement organisationnel des Etats, d'accroître leur capacité économique, ainsi que leur surface en matière de négociations internationales. L'harmonisation des politiques sectorielles est à ce sujet révélatrice de la volonté de favoriser l'émergence dans la sous-région d'unités de production compétitives, aptes à relever les défis de la concurrence internationale. Elle est également révélatrice de la volonté de favoriser l'intensification des échanges communautaires. Ils peuvent donc être analysés comme une réponse nouvelle au développement, car il s'agit d'une réponse appropriée, combinant à la fois l'expression des volontés politiques avec leur prise en charge par des organes techniques. Le Parlement Communautaire, la Cour de Justice Communautaire, le Comité Ministériel, le Secrétariat Exécutif, la BEAC, la COBAC, etc., sont autant d'organes prévus par le Traité de la CEMAC ayant un caractère technique et pouvant prendre des décisions qui s'imposent directement à tous les Etats membres. A ce titre les unions créées sont un dispositif important, sur lequel reposent les espoirs des populations quant à l'amélioration de leurs conditions de vie.

b- Le rôle de la convergence

La convergence est au centre des préoccupations des décideurs, tout le dispositif ci-dessus présenté s'appuie sur elle. Cela explique que les textes fondateurs de la CEMAC aient prévu des mécanismes de surveillance multilatérale.

i- La place de la convergence

Les textes fondateurs de la CEMAC comprennent, comme cela a déjà été noté : le Traité instituant la CEMAC, l'Additif au Traité relatif au

---

[1] On trouvera un dossier sur l'Union Economique et Monétaire Ouest Africaine (UEMOA) dans BCEAO, *Etudes et Recherches*, n° 443, décembre 1994

système institutionnel et juridique de la Communauté, la Convention régissant l'UEAC, la Convention régissant l'UMAC, et la convention régissant la Cour de justice de la CEMAC. L'examen de ces différents textes montre que l'édifice de toute la construction juridique repose sur l'idée de convergence des économies des Etats membres. En effet, dans sa préface relative à la naissance de la CEMAC, le Président de la République de Guinée Equatoriale, alors Président en exercice de la Conférence des Chefs d'Etats écrit : *l'événement marque la détermination des Chefs d'Etats concernés à redynamiser le processus d'intégration, ..., en vue d'un développement harmonieux et solidaire des pays membres, dans un espace économique intégré*. Puis, reconnaissant que ce *noble objectif* est à la portée des peuples concernés, il affirme la détermination des Chefs d'Etats à se donner les moyens d'y parvenir. Fait remarquable, parmi les cinq principaux moyens retenus *la recherche de la convergence [des] politiques macro-économiques* vient en tête de liste, ce qui témoigne de son importance. Dans le même ordre d'idées, dans les objectifs de la CEMAC il y a l'idée du passage *à une situation d'union, susceptible de parachever le processus d'intégration économique et monétaire*, idée qui permet de comprendre la création des deux unions que sont l'UEAC et l'UMAC. Dans les objectifs de l'UEAC la question de la convergence occupe une bonne place : *assurer la convergence vers des performances soutenables par la coordination des politiques économiques et la mise en cohérence des politiques budgétaires nationales avec la politique monétaire commune*. En outre, dans la Convention de l'UMAC, cette question apparaît comme le motif principal, avec *la nécessité de conforter la communauté de monnaie et les interdépendances qu'elle entraîne par une mise en cohérence [des] politiques économiques et un développement harmonisé des économies nationales*.

Elle explique de plus la création dans le système institutionnel et juridique de la Communauté de bon nombre d'organes de décision. C'est le cas pour le Conseil des Ministres, qui est chargé d'assurer la direction de l'UEAC, c'est-à-dire en d'autres termes d'assurer l'harmonisation des politiques économiques et sectorielles. Il en est de même du Comité Ministériel de l'UMAC, qui a la charge d'examiner les grandes orientations des politiques économiques des Etats et en assure la cohérence avec la politique monétaire commune. En outre, et compte tenu du rôle que doit jouer la convergence dans la politique monétaire commune, le Gouverneur de la BEAC doit prendre part aux réunions dudit Comité, et doit rapporter les affaires.

La question de la convergence explique aussi la création d'un organe exécutif (le Secrétariat Exécutif de la CEMAC) chargé d'assurer le fonctionnement de l'UEAC et de l'UMAC. Elle explique de même la création d'une Cour de justice de la Communauté (avec une Chambre judiciaire et une Chambre des comptes), qui a pour mission d'assurer le contrôle juridictionnel et budgétaire de l'Union économique. Afin de mieux la traiter, il est prévu un dispositif de surveillance multilatérale.

ii- Le dispositif de surveillance multilatéral

La surveillance multilatérale procède du souci d'assurer la sauvegarde des intérêts collectifs, car es politiques budgétaires nationales peuvent avoir des répercussions négatives sur la réalisation des objectifs de l'Union, ainsi que sur la situation des partenaires. Elle doit donc constituer un cadre communautaire d'ajustement des politiques macroéconomiques nationales, et constituer un outil de restauration des bases d'une croissance saine des économies, gage de la crédibilité du cadre macroéconomique, tant pour les partenaires au développement que pour les investisseurs privés. L'article 49 de la Convention de l'UEAC stipule que l'Union économique assure la convergence des performances et des politiques économiques au moyen d'un dispositif de surveillance multilatérale. Il est précisé que les Etats membres doivent s'accorder préalablement au sein du Conseil des Ministres sur les grandes orientations de politique économique qu'ils s'engagent à respecter en harmonisant et en coordonnant leurs politiques sectorielles. L'exercice de la surveillance par le Conseil consiste alors à vérifier la conformité des politiques économiques à ces grandes orientations, ainsi que la cohérence des politiques nationales avec celle monétaire commune. Il s'effectue au moyen de deux types d'instruments : des indicateurs de surveillance d'un côté, des organes et une procédure de sanction de l'autre.

ii-1. Les indicateurs de surveillance

Dans la convention de l'Union économique, l'accent est essentiellement mis sur la discipline budgétaire. Les Etats membres s'interdisent tout déficit public excessif. Un déficit budgétaire est qualifié ici d'excessif *lorsqu'il n'est pas compatible aux objectifs de la politique monétaire, en particulier en ce qui concerne son financement et le taux de couverture extérieure de l'émission monétaire.* Il peut aussi être qualifié d'excessif dans le cas où l'un des critères de surveillance suivants n'est pas respecté : - *solde primaire budgétaire positif;* - *variation négative ou nulle du stock des arriérés intérieurs et extérieurs ;* - *variation annuelle en pourcentage de la masse salariale de la fonction publique égale ou inférieure à la variation en pourcentage des recettes budgétaires.*

Mais la convention prévoit que le Conseil des Ministres peut adopter, sur proposition du Secrétaire Exécutif, en vue de renforcer la discipline budgétaire d'autres critères de surveillance qui traduisent le caractère excessif du déficit. Dans ce cas, le choix des indicateurs est opéré collégialement par les Cellules nationales et la Cellule communautaire, sous la présidence du Secrétaire Exécutif. Il en est de même du choix des indicateurs qui constituent le *tableau de bord macroéconomique* devant permettre de suivre et d'interpréter les évolutions économiques des Etats membres.

Par ailleurs, le dispositif de surveillance prévoit que les Etats membres limitent les disparités dans la structure de leurs prélèvements fiscaux, conformément aux recommandations qui leur sont adressées à cet effet par le Conseil des Ministres. Ils doivent également veiller à la maîtrise de leur endettement intérieur et extérieur. Ils sont tenus pour cela de notifier à la BEAC et au Secrétaire Exécutif les informations relatives à leur dette intérieure et extérieure. Ils doivent aussi procéder à l'examen de leurs politiques des prix et des revenus en vue de les coordonner, les harmoniser et d'éviter qu'elles ne nuisent au développement de l'offre et à l'environnement économique.

ii-2. Les organes de surveillance et la procédure de sanction

La mise en œuvre et le respect de l'ensemble de la procédure de surveillance multilatérale sont placés sous la responsabilité du Secrétaire Exécutif, qui doit cependant effectuer cette tâche en concertation régulière avec le Gouverneur de la BEAC. Il dispose à cet effet de la procédure de sanction.

On distingue quatre organes de surveillance : une Cellule nationale (au niveau de chacun des Etats membres), une Cellule communautaire, un Collège de surveillance, et le Conseil des Ministres.

La Cellule nationale comprend au minimum un représentant de l'Administration en charge de la formulation de la politique macroéconomique, un représentant de l'Administration chargé de la statistique, et un représentant de la direction nationale de la BEAC. Les membres sont désignés par les Etats membres et par la BEAC en ce qui concerne son représentant. Leur mandat est de trois ans renouvelables. Ils peuvent communiquer entre eux et avec les membres de la Cellule communautaire. Pour le bon exercice de leur mission, les Etats membres s'engagent à leur assurer la stabilité et l'indépendance nécessaires. Les cellules nationales sont chargées de rassembler et de mettre en cohérence les données statistiques nationales à partir desquelles s'exerce la surveillance, de les transmettre à la Cellule régionale, de vérifier leur couverture et leur pertinence. Elles doivent également suivre l'évolution de l'économie et des politiques économiques, informer la Cellule communautaire de toute décision ou événement relatif à la politique économique de leur Etat. Elles rédigent pour cela des rapports périodiques d'analyse pour leurs autorités et cette cellule. Inversement, elles examinent pour ces mêmes autorités le rapport périodique de cette dernière.

Cette **Cellule communautaire** comprend au minimum un représentant de la BEAC nommé par le Gouverneur, un *macroéconomiste* de l'UEAC nommé par le Secrétaire Exécutif de la CEMAC, et le Secrétaire Exécutif qui en est le Président. Elle est chargée de rassembler les données d'environnement international et d'intérêt communautaire, qui sont pertinents pour l'exercice de la surveillance, et de les transmettre aux cellules nationales. Elle rédige périodiquement le rapport d'exécution de la surveillance sur l'état de la convergence dans l'Union économique, lequel rapport analyse les économies et les politiques des Etats membres du point de vue de la convergence et de la conformité aux grandes orientations et à la discipline communautaire.

Le Collège de surveillance quant à lui est composé de deux représentants de la Cellule nationale désignés à titre personnel, et de deux représentants de la Cellule communautaire, dont un de la BEAC et un autre de l'UEAC. Il est présidé par le Secrétaire Exécutif. Il se réunit deux fois par an sur convocation de son président en vue de préparer les réunions du Conseil des Ministres relatives à l'exercice de la surveillance multilatérale. Il est chargé en outre de veiller au bon fonctionnement de la Cellule communautaire et des Cellules nationales.

Pour ce qui est du **Conseil des Ministres**, celui-ci doit se prononcer au moins une fois par an sur les grandes orientations des politiques économiques des Etats membres de l'Union Economique, et adresser à cette occasion des recommandations à ces Etats. Lesdites recommandations visent en particulier à assurer la compatibilité des politiques au niveau de l'Union avec les objectifs de croissance et d'emploi, de stabilité des prix et de viabilité des balances des paiements. En outre, il adopte les règlements et les directives nécessaires à la mise en œuvre des dispositions relatives aux besoins de la surveillance multilatérale, et notamment l'harmonisation des législations budgétaires des Etats membres, de leurs comptabilités nationales et de leurs données macroéconomiques. A cela s'ajoute l'uniformisation du champ statistique du secteur public. Cette harmonisation est d'autant plus nécessaire que la surveillance multilatérale doit s'appuyer sur des indicateurs de surveillance.

Une procédure de sanction est censée garantir son efficacité. Lorsqu'un Etat membre connaît des difficultés liées à des événements exceptionnels, le Conseil des Ministres peut l'exempter, pour une durée maximum de six mois, du respect de tout ou partie des critères de surveillance multilatérale (article 58 de la Convention). Dans ce cas, le Conseil doit lui adresser des directives portant sur les mesures à mettre en œuvre. A l'issue de la période de six mois, le Secrétaire Exécutif adresse un rapport au Conseil sur l'évolution de la situation dans cet Etat et sur la mise en œuvre de ses directives. Au vu du rapport, le Conseil peut décider de proroger la période d'exemption en fixant une nouvelle échéance.

Par ailleurs, lorsqu'un Etat membre mène des politiques économiques qui ne respectent pas les orientations relatives à la convergence, ou qui se traduisent par un dépassement des valeurs critiques des indicateurs de surveillance, le Conseil des Ministres adopte à la majorité qualifié, et sur proposition du Secrétaire Exécutif, une directive à l'adresse de cet Etat. Si les conditions de majorité n'ont pu être réunies, le Secrétaire Exécutif rend sa proposition publique. Dans ce cas, l'Etat destinataire de la directive doit élaborer, en concertation avec le Secrétaire Exécutif, et dans un délai de 45 jours maximum, un programme d'ajustement approprié. Ce programme tient compte de la directive du Conseil des Ministres et de la politique économique générale de l'Union économique. Sa mise en œuvre vaut pour cet Etat le bénéfice de mesures positives, comprenant notamment : la publication d'un communiqué du Secrétaire Exécutif ; et le soutien de l'Union Economique dans la mobilisation des ressources additionnelles nécessaires au financement des mesures d'ajustement envisagées, à travers la mise en place d'un cadre de concertation avec la communauté financière internationale par le Secrétaire Exécutif.

Dans le cas où l'Etat en question n'a pu élaborer un programme d'ajustement approprié dans le délai prévu, ou bien si son programme d'ajustement n'est pas reconnu conforme par le Secrétaire Exécutif avec la directive du Conseil des Ministres et avec la politique économique de l'Union, ou encore s'il y a une exécution non satisfaisante du programme rectificatif, le Secrétaire Exécutif transmet au Conseil des Ministres, dans un délai maximum de trente jours, un rapport assorti éventuellement de propositions de sanctions. Ces dernières doivent être débattues à l'occasion d'une session du Conseil des Ministres. Les sanctions susceptibles d'être adoptées comprennent : la publication par le Conseil d'un communiqué, éventuellement assorti d'informations sur la situation économique de l'Etat membre concerné ; ou le retrait annoncé publiquement du soutien dont bénéficiait éventuellement cet Etat. La Convention dit en outre que le Conseil des Ministres peut compléter ces différentes sanctions par des dispositions supplémentaires jugées nécessaires au renforcement de l'efficacité du processus de surveillance.

Les unions économiques constituent au regard des textes de la CEMAC une stratégie institutionnelle visant l'ajustement des économies à la dynamique de l'économie internationale. Elles voudraient en outre apporter une solution au problème de développement. De la convergence des économies dépend cependant leur efficacité, convergence qui elle-même renvoie à d'importants débats théoriques.

2- Les débats théoriques en arrière plan des critères de convergence

Nous avons déjà vu les débats sur la convergence en général. En ce qui concerne la zone Franc, ces débats insistent sur la convergence nominale, qui est ainsi définie parce qu'elle a trait à des objectifs économiques chiffrés ou fixés en termes nominaux, c'est-à-dire les critères de convergence. Selon BARTHE [2000], ces critères demeurent nécessaires dans la mesure où ils permettent d'apprécier la qualité de la combinaison de la politique monétaire et de celle budgétaire des Etats, c'est-à-dire le *policy-mix.* Dans le cas de la zone Franc, ils renvoient au débat de politique monétaire entre *règle* et *discrétion.* La limitation du niveau d'inflation à un certain seuil trouve sa justification dans ce débat. Introduit initialement par l'école de Chicago avec SIMONS [1963] qui a préconisé un taux de couverture de 100%, suivi de FRIEDMAN et SCHWARTZ [1963] qui ont accusé la Réserve Fédérale d'avoir été une source d'instabilité financière, il a été repris par FRIEDMAN [1969] avec sa proposition d'adoption d'une règle de taux de croissance de la masse monétaire. Par ailleurs, on sait que les travaux de KYDLAND et PRESCOTT [1977], ainsi que ceux de BARRO et GORDON [1983] ont montré que la politique discrétionnaire est associée à un biais inflationniste et que la politique monétaire ne permet pas de stimuler durablement l'activité en présence d'agents rationnels. Ces auteurs ont ainsi proposé l'adoption d'une politique monétaire de règle, qui aurait l'avantage de supprimer ce biais. Une solution de type institutionnel a été aussi proposée par ROGOFF [1985a], et consiste à confier la politique monétaire à un agent qui pondère plus fortement l'inflation que le gouvernement. C'est la solution d'indépendance de la banque centrale, très débattue dans la littérature économique récente, avec l'approche du banquier central conservateur de ROGOFF et celle du contrat optimal entre le gouvernement et la Banque centrale (ALESINA et SUMMERS [1993], CUKIERMAN et *al* [1993]). Cette solution n'est cependant pas restée sans effet, car elle a marqué l'évolution des banques centrales de plusieurs pays. Même si l'on peut admettre avec AVOM [2007] qu'il est prématuré et difficile d'apprécier empiriquement l'indépendance de la BEAC vis-à-vis des gouvernements nationaux, il est néanmoins évident, au regard de ses nouveaux statuts de 1998, qu'elle est en quête d'indépendance. L'objectif est de tirer avantage de ces enseignements théoriques et de se mettre en phase avec les évolutions observées dans nombre de grands pays. Le même objectif est aussi poursuivi sur le plan des instruments de politique monétaire. Le critère de limitation des tensions inflationnistes à un seuil de 3 % n'est rien d'autre qu'un approfondissement de la *programmation monétaire*, actuellement appliquée en zone franc et qui elle-même est une politique monétaire de règle déguisée.

Par ailleurs, le critère de stabilité des prix n'est pas sans rappeler les programmes d'ajustement structurel et l'option libérale de la politique monétaire appliquée dans la zone à partir de la fin des années 90, à la suite des théories dites *de la répression financière* largement défendues par McKINNON [1973] et SHAW [1973]. Ces dernières prônent le retrait de l'Etat du secteur financier pour améliorer l'allocation de ressources dans l'économie et obtenir plus de croissance. Mais ce résultat est conditionné, entre autres pré-requis, par la stabilité du cadre macroéconomique (McKINNON [1991]) et la discipline budgétaire permettant de limiter les effets négatifs de la taxe inflationniste (FRY [1997]). Une telle discipline doit être accrue en union monétaire et surtout en zone franc, où il y a eu beaucoup de dérapages budgétaires, du fait de l'absence de coordination des politiques économiques en général et budgétaires en particulier (STASAVAGE [1996]). Les critères de convergence fixés voudraient donc apporter une solution à ce problème et trouvent également leurs fondements dans la théorie budgétaire des prix *(Fiscal Theory of Price Level),* échafaudée dans les années 1990 pour tenter de dépasser le débat entre monétaristes et keynésiens sur les facteurs monétaires ou réels de l'inflation[1]. Ils voudraient éviter la mise en place d'un régime où les autorités budgétaires opèrent des choix en matière de dépenses publiques et de fiscalité qui engendrent une trajectoire de l'endettement public à laquelle les autorités monétaires doivent simplement s'ajuster. La *domination monétaire* versus *domination budgétaire*[2] est bien illustrée par le critère limitant l'inflation

[1] Citée par BLANCHETON et SENEGAS [2007], « La théorie budgétaire du niveau général des prix face à l'histoire monétaire française : assise empirique et éclairages théoriques », *Working paper*, CHE et Université Montesquieu-Bordeaux IV.

[2] On peut distinguer à cet effet avec SARGENT ([1982], « Beyond Demand and Supply Curves in Macroeconmics », *American Economic Review*, Vol. 72) deux régimes budgétaires et monétaires, selon les relations induites entre la contrainte budgétaire intertemporelle et l'évolution anticipée des modalités de financement de l'Etat, soit *via* la fiscalité soit à travers la création monétaire par la Banque centrale. Le premier régime est un régime ricardien, qui correspond au cas où l'émission supplémentaire de titres de dette publique s'accompagne généralement de l'annonce d'une augmentation de la pression fiscale future permettant d'assurer le remboursement de la dette. Dans ce régime, le solde budgétaire doit répondre période par période à la dynamique de la dette publique, de manière à ce que la contrainte budgétaire intertemporelle soit satisfaite et cela indépendamment du comportement des autorités monétaires. Le second régime est non-ricardien, il se caractérise par le fait qu'une émission supplémentaire de titres publics ne se traduira pas par une augmentation des impôts mais plutôt par des recettes de seigneuriage, collectées à travers l'augmentation de la base monétaire. Dans celui-ci, lorsque le gouvernement augmente son endettement, cela signifie qu'il y aura également augmentation de la monnaie banque centrale et finalement une monétisation de la dette

à 3 % maximum ou celui fixant le taux de couverture de l'émission monétaire à un minimum de 20 %. L'un ou l'autre de ces critères fixe en vérité une règle de croissance de la base monétaire et dicte par conséquent aux autorités budgétaires le montant du seigneuriage auquel elles peuvent s'attendre, de ce fait constitue un mécanisme qui permet de discipliner la politique budgétaire.

C'est la raison pour laquelle tous les critères de convergence dits de *premier rang* sont en relation étroite avec le budget (six sur huit en UEMOA). Critère clé [1], le solde budgétaire de base (hors dons) rapporté au PIB est renforcé par le critère relatif à l'endettement public. Mais celui-ci est relié à la situation budgétaire, et permet en effet d'éviter que les besoins de financement de l'Etat n'évincent les besoins du secteur privé à travers un plus grand placement des titres des Trésors nationaux sur le marché financier (cas de l'UEMOA notamment). Le respect de ces deux critères est supposé permettre à chaque pays de la zone d'assurer sa solvabilité et d'éviter un endettement excessif, compte tenu des conséquences négatives sur l'union monétaire et sur l'économie (STRAUSS-KAHN [2002]). Non seulement un tel endettement représente un poids pour les autres pays membres de l'union, mais aussi il constitue un grand obstacle à l'utilisation du budget pour des interventions gouvernementales nouvelles sur l'économie, ou comme instrument de régulation conjoncturelle. De plus, il comporte des effets de transferts négatifs entre les générations et a une incidence négative sur le capital productif, laquelle peut se traduire par une diminution du taux de croissance potentiel de l'économie à long terme (ELMENDORF et MANKIW [1998]). Le critère portant sur la non-accumulation des arriérés de paiement est dominé également par des préoccupations

---

publique. Ainsi, l'évolution du solde budgétaire primaire ne sera pas compatible avec une stabilité de la trajectoire de la dette publique, les déficits budgétaires sont révélateurs du fait que la politique budgétaire se détermine sans tenir compte de la contrainte de « soutenabilté » à long terme de la dette publique. Ces deux régimes renvoient à un débat sur la suprématie de la politique monétaire par rapport à la politique budgétaire ou la domination de la politique budgétaire par rapport à la politique monétaire. Certains travaux envisagent la conduite de ces politiques comme le produit de l'équilibre d'un jeu entre les autorités en présence (LEEPER [1991], "Equilibria Under Active and Passive Monetary and Fiscal Policies", *Journal of Monetary Economics*, Vol. 27, pp. 129-147).

[1] L'équilibre budgétaire est la *clé de voûte de la crédibilité à long terme de la parité du franc CFA* .

budgétaires[1], car leur accumulation est devenue à partir de la fin des années 70 une source de financement des déficits publics (BOISSIEU [1985]).

Ces débats théoriques apportent non seulement un éclairage sur les critères de convergence mais surtout approfondissent l'analyse de la convergence des politiques économiques en zone Franc. On peut retenir que celle-ci se justifie par les nouveaux enjeux de l'intégration, eux-mêmes liés à la formation au niveau mondial de grands ensembles économiques et à la menace d'une plus grande marginalisation dans les échanges commerciaux internationaux. Par ailleurs, les mauvaises performances économiques des pays membres, illustrées par la dévaluation historique du Franc CFA en 1994, appelaient à des mécanismes permettant un meilleur *policy-mix* dans cette zone, et surtout un relèvement de sa situation économique. Quinze après la mise en place des mécanismes de surveillance multilatérale des politiques économiques, on peut se demander si les objectifs poursuivis ont été atteints et quels en sont les facteurs déterminants. Des éléments de réponse à ces questions sont apportés dans la deuxième partie de l'ouvrage, consacrée à l'évaluation de la convergence des politiques économiques en zone Franc.

---

[1] Mais il s'explique aussi par les exigences en matière de gouvernance publique imposées par le FMI dans le cadre des programmes d'ajustement structurel, et qui portent notamment sur une gestion rigoureuse du budget.

DEUXIEME PARTIE

LA CONVERGENCE EN ZONE FRANC : UNE EVALUATION

En raison de ses enjeux, la surveillance multilatérale des politiques économiques a été mise en place dans la zone Franc en 1994. Après quinze années de pratique, elle soulève plusieurs interrogations dont certaines sont relatives aux résultats réalisés par rapport aux critères de convergence arrêtés ; alors que d'autres portent sur l'obtention ou non de progrès économiques réels par les pays de la zone, notamment en matière de développement. Mais s'interroger seulement sur les résultats réalisés et sur les performances au plan économique ne suffirait pas. Il convient d'en rechercher également les facteurs pour ne pas se limiter à une recension des causes, car il importe de comprendre les processus qui sont à l'œuvre ainsi que les enchaînements des différents mécanismes. Voilà pourquoi nous examinerons en premier lieu la pratique de la convergence des politiques économiques, et en second lieu ses limites. Le plan de cette partie de l'ouvrage s'articule donc de la manière suivante :

- **Chapitre 3 – La pratique de la convergence des politiques économiques** ;
- **Chapitre 4 – Les limites de la surveillance multilatérale en zone Franc**.

Chapitre 3

LA PRATIQUE DE LA CONVERGENCE DES POLITIQUES ECONOMIQUES

Ce chapitre propose une évaluation de la convergence des politiques économiques, notamment à partir du cas de la CEMAC, il est vrai que son économie n'est pas tout à fait identique à celle de l'UEMOA. Dans la partie précédente, nous avons vu qu'au sens économique, le concept de convergence renvoie au cheminement d'un système vers son propre équilibre et donc vers un équilibre défini à partir du système lui-même. En revanche, au sens des pouvoirs publics, ce concept signifie simplement rapprochement de certaines variables. Or comme le montre si bien TAVERA [1999], on peut avoir convergence au sens économique sans qu'il y ait convergence au sens des pouvoirs publics. En effet, selon que l'on l'envisage par rapport à un attracteur théoriquement défini ou sans référence à un attracteur théoriquement identifié, les méthodes d'évaluation peuvent différer. En outre et dans l'un ou l'autre cas, il y a au moins deux problèmes : celui de la fiabilité des données, étant entendu que le cadre spatial de l'évaluation porte sur des pays en développement, qui sont en général caractérisés par d'énormes faiblesses statistiques ; et celui de la pertinence des indicateurs utilisés. A défaut de pouvoir éliminer le problème de la fiabilité de la mesure, il convient de s'appesantir sur la pertinence des indicateurs à utiliser. C'est la raison pour laquelle les problèmes de méthode doivent d'abord être résolus, avant d'examiner les résultats obtenus proprement dits. Le chapitre examine donc :

- d'une part, la **méthodologie de l'évaluation** (Section 1) ;
- et d'autre part, **les performances des pays : des résultats décevants** (Section 2).

SECTION 1
METHODOLOGIE DE L'EVALUATION

Evaluer la convergence n'est pas une tâche aisée, non seulement en raison de la diversité des méthodes disponibles, mais surtout des problèmes que ces méthodes soulèvent. Il importe de ce fait de justifier d'abord la démarche adoptée, et pour cela nous allons au préalable parcourir les différentes méthodes.

A- LES METHODES D'EVALUATION POSSIBLES

Deux cas méritent à cet effet d'être distingués : celui d'un attracteur théoriquement défini et celui d'un attracteur non identifié théoriquement.

1- Le cas d'un attracteur théoriquement défini

Dans le cas de figure où la convergence est considérée comme un processus d'ajustement du système économique vers un attracteur dont les caractéristiques peuvent être décrites à partir de la théorie économique, l'évaluation s'appuie sur une hypothèse de travail. Celle-ci concerne la représentation de la dynamique vers l'équilibre et le modèle qui en découle peut faire l'objet d'applications économétriques.

a- Le modèle de la dynamique vers l'équilibre

On suppose que la valeur prise par une variable X, ou un ensemble de variables si X est un vecteur, est à chaque date déterminée par un effet d'ajustement progressif vers la valeur d'équilibre X^* de cette variable. On suppose également que cet ajustement est étalé sur une période, ce qui revient de manière équivalente à supposer que la dynamique de X peut être représentée par un mécanisme d'ajustement partiel d'ordre 1. L'écriture formelle de celui-ci peut alors être donnée par les relations *(17)* et *(18)* suivantes :

$$X^* = h(Y) \qquad \textbf{(17)}$$

$$\frac{\delta X_t}{\delta t} = \lambda(X - X^*) \qquad \textbf{(18)}$$

avec X^*, le niveau d'équilibre de la variable X ; $h(Y)$, une fonction connue ; Y, une variable exogène ou un ensemble de variables exogènes ; $\frac{\delta X_t}{\delta t}$, le taux de variation de la variable X ; et λ, un paramètre représentant l'impact d'un écart entre la valeur actuelle de X et la valeur d'équilibre X^* sur une variation subséquente de X. L'équation *(17)* indique les déterminants du niveau d'équilibre de la variable X à travers un ensemble de variables et de paramètres exogènes. Ceux-ci sont supposés entièrement incorporés dans la variable Y (ou le vecteur Y).

Toute variation les affectant engendre une modification du niveau d'équilibre X^*. L'équation *(18)* quant à elle est une représentation simplifiée de l'hypothèse selon laquelle la valeur de X est à chaque instant attirée par le niveau d'équilibre. En effet, on suppose que la variation de X est déterminée de façon systématique par l'écart entre sa valeur actuelle et le niveau d'équilibre X^*. L'ajustement converge effectivement vers le niveau d'équilibre X^* si X augmente, ou diminue lorsque la valeur actuelle de X est inférieure, ou supérieure, à sa valeur d'équilibre. Cette convergence est techniquement assurée lorsque le paramètre λ est inférieur à *0*. De ce fait, on peut l'interpréter comme un indicateur de la vitesse à laquelle X converge vers X^*. La combinaison des équations *(17)* et *(18)* donne la relation *(19)*.

$$\frac{\delta X_t}{\delta t} = \lambda[X - h(Y)] \qquad (19)$$

En supposant que $h(Y)$ est linéaire, cette relation peut s'écrire :

$$\frac{\delta X_t}{\delta t} = a + b\,Y + cX \qquad (20)$$

avec $h(Y) = \alpha+\beta Y$; $a = -\lambda\alpha$, $b = -\lambda\beta$ et $c = \lambda$.

La nouvelle équation ainsi obtenue *(20)* donne une représentation de l'ajustement de X par rapport à son niveau d'équilibre X^*. Celui-ci peut être entièrement décrit à partir des variables exogènes contenues dans Y. Mais cet ajustement correspond à une convergence vers X^* si $\lambda < 0$ comme nous l'avons déjà dit. L'application du modèle *(20)* aux données économiques peut ainsi servir à l'évaluation de la convergence.

b- Les applications économétriques

Il y a deux grands types d'applications économétriques, selon que l'application porte sur des données transversales, de panel, ou sur des données temporelles.

i- L'analyse de la *ß-convergence*

Dans le premier cas, on utilise le tes dit *de la ß-convergence*, encore connue sous le nom de *convergence conditionnelle*. La *ß-convergence* exprime le rapprochement des niveaux de développement en termes de taux de croissance de revenu par tête, etc. Elle est le résultat d'un test économétrique de la portée du modèle de SOLOW. Le test cherche à mettre en évidence les preuves empiriques de l'existence d'un phénomène de convergence des principales variables représentatives de la croissance (PIB par tête, capital par tête) vers leur niveau d'équilibre, ou leur sentier d'équilibre de long terme. En effet, dans le modèle de SOLOW, il existe un unique sentier de croissance de long terme qui est stable, et qui est entièrement déterminé par des variables exogènes, tels que la démographie, le progrès technique ou bien le taux d'épargne. A contrario, dans les modèles de croissance endogène, le sentier de croissance est également déterminé par les choix des agents, mais ceux-ci modifient en permanence le sentier d'équilibre. La *β-convergence* est caractérisée par une relation négative entre le taux de croissance cumulé sur une période donnée, relativement longue, et le niveau initial du PIB par habitant. Ainsi, lorsque le taux de croissance par tête d'un pays est d'autant plus élevé que son PIB initial est faible, on admet l'hypothèse de la *β-convergence*. Statistiquement, on utilise des estimations en coupe instantanée pour valider cette hypothèse, à partir d'une équation de la forme suivante[1] :

$$\left(\frac{\partial PIB}{PIB}\right)_{i,t,t+T} = \alpha - \beta Log(y_{i,t}) + \varepsilon_{i,t} \qquad \textbf{\textit{(21)}}$$

Dans cette équation, le premier terme représente le taux de croissance annuel du PIB de l'économie i entre la date t et $t+T$; $Log(y_{i,t})$ représente par contre le logarithme du revenu par tête à l'instant t, alors que α et β sont les paramètres à estimer. Si au terme de l'estimation $\beta > 0$, on admet l'hypothèse de la *β-convergence absolue*. La *β-convergence conditionnelle* est testée pareillement en introduisant dans l'équation *(21)* un vecteur de variables $\psi_{i,t}$ permettant de maintenir constant l'état stationnaire d'équilibre des différentes économies de l'échantillon. Ces variables sont censées assurer le contrôle de l'hétérogénéité des trajectoires de long terme des économies. Comme nous l'avons déjà souligné, les économies ne convergeront pas entre elles si elles n'ont pas atteint, pour certaines variables économiques en particulier, les mêmes niveaux, ou encore si les déterminants de leur comportement à long terme sont différents. L'équation obtenue en introduisant ce vecteur est la suivante :

---

[1] Voir X. X. SALA-i-MARTIN [1996], loc. cit. p. 1020.

$$\left(\frac{\partial PIB}{PIB}\right)_{i,t,t+T} = \alpha - \beta Log(y_{i,t}) + \gamma\psi_{i,t} + \varepsilon_{i,t,t+T} \qquad (22)$$

ii- La convergence vers un équilibre de cointégration

Dans le second cas, on utilise habituellement la technique de la convergence vers un équilibre de cointégration, le point de départ est la théorie de la cointégration introduite par C. W. J. GRANGER [1981][1] et ses nombreux développements[2]. Celle-ci présente un grand intérêt. Par exemple, lorsque l'attracteur est théoriquement défini par la théorie économique, elle peut servir comme support économétrique de l'analyse de la convergence. Il convient de préciser que le point de départ de l'analyse de la cointégration se situe dans le fait que la plupart des séries macroéconomiques et financières sont non stationnaires, c'est-à-dire qu'elles sont affectées d'une tendance stochastique, ce qui présente le risque de régressions fallacieuses (*spurious regressions*) et de non validité de certaines lois asymptotiques. Ce risque peut cependant être évité en différenciant les séries pour les rendre stationnaires stochastiquement. Mais, cette solution présente des limites : elle ne prend en compte que les changements intervenus d'une période sur l'autre, ce qui est de nature à masquer les propriétés de long terme des séries, les variables de certaines pouvant avoir des relations stables à long terme (relation de cointégration). Si l'on considère par exemple deux séries X_t et Y_t, cela se présente comme le montrent les figures 1 et 2 suivantes, empruntées à R. BOURBONNAIS[3].

---

1 Cf. GRANGER, C. W. J. [1981], "Some Properties of Times Series Data and their Use in Econometric Model Specification", *Journal of Econometrics*, pp. 121-130..

2 Par exemple, le lien entre cointégration et modèle à correction d'erreur a été explicité par de nombreux auteurs, comme R. F. ENGLE et C. W. J. GRANGER [1987], cf. "Cointegration and Error Correction : Representation, Estimation and Testing", *Econometrica*, 55, pp. 251-276.

3 Cf. R. BOURBONNAIS [1998], *Econométrie (manuel et exercices)*. 2ème édition. Paris : Dunod p. 270.

Figures 1 et 2 - Relations de cointégration entre deux séries X_t et Y_t

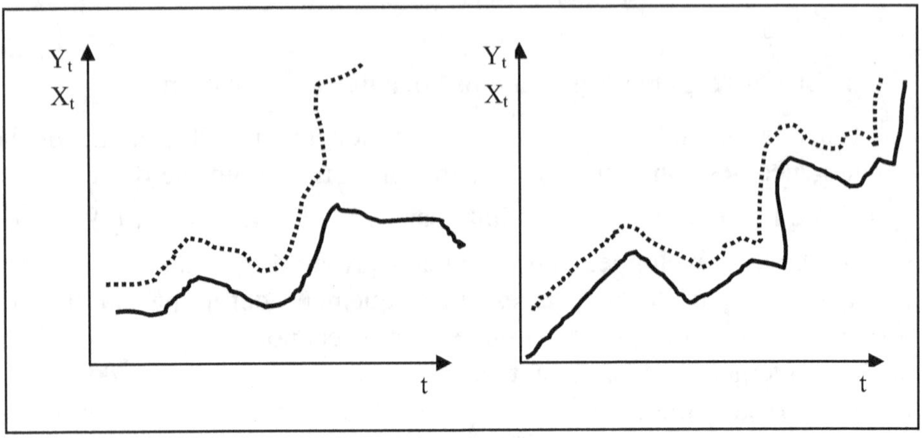

Sur la figure de gauche (figure 1), nous avons deux séries qui ne sont pas cointégrées, car celles-ci ont une tendance d'évolution constante sur une même période, puis une tendance d'évolution divergente. Par contre, sur la figure de droite (figure 2), les séries sont cointégrées, elles ont une évolution constante sur toute la période, c'est-à-dire qu'il existe entre elles une évolution de long terme, constante. Dans ce cas, elles sont affectées d'une tendance stochastique du même ordre d'intégration[1] d (ci-après noté $I(d)$). De plus, leur combinaison linéaire permet d'obtenir une série d'ordre d'intégration inférieure, c'est-à-dire telle que $z_t = \alpha_1 X_t + \alpha_2 Y_t \rightarrow I(d-v)$, avec $X_t \rightarrow I(d)$, $Y_t \rightarrow I(v)$, $d \geq v \geq 0$, et (α_1, α_2) le vecteur de cointégration. Par ailleurs, il existe une combinaison linéaire stationnaire $I(0)$ de X_t et Y_t, en supposant $d = v = 1$, X_t et Y_t deux séries non stationnaires $I(1)$. L'idée sous-jacente étant qu'à court terme, les séries X_t et Y_t peuvent avoir une évolution divergente (elles sont toutes non stationnaires), mais qu'à long terme, elles vont évoluer ensemble. Cette relation stable à long terme ou relation de cointégration est donnée par l'égalité $z_t = \alpha_1 X_t + \alpha_2 Y_t = 0$. Autrement dit, à long terme, les mouvements similaires de X_t *et* Y_t ont tendance à se compenser ($\alpha_1 X_t = -\alpha_2 Y_t$), de manière à obtenir une série stationnaire. La combinaison

[1] On dit qu'une série X_t est intégrée d'ordre d, et on note $X_t \rightarrow I(d)$, s'il faut la différencier d fois afin de la rendre stationnaire. Les tests de DICKEY-FULLER permettent de déterminer l'existence d'une tendance stochastique ou déterministe et de rechercher les ordres d'intégration d'une série. On trouvera des exemples simples chez R. BOURBONNAIS [1998], op. cit ; pp. 267-286.

linéaire z_t entre X_t *et* Y_t, ou *erreur d'équilibre,* mesure l'ampleur du déséquilibre.

Cette illustration est utile, elle permet de comprendre la notion de convergence vers un équilibre de cointégration. En effet, la théorie de la cointégration permet d'étudier la présence de relation d'équilibre dans les séries relatives aux variables. Elle permet également de modéliser le processus d'ajustement dynamique ou de retour vers l'équilibre, lorsque les variables s'en écartent. C'est cette dynamique de retour vers l'équilibre qui s'interprète comme un phénomène de convergence vers l'attracteur défini, et validé par la présence d'une relation de cointégration au niveau des séries statistiques.

L'utilisation de modèles à correction d'erreur permet techniquement d'éviter les risques de régressions fallacieuses et de non validité de certaines lois asymptotiques notés plus haut. Ce sont des modèles dynamiques qui intègrent à la fois les évolutions de court et de long termes des variables. Ils permettent de modéliser les ajustements qui conduisent à une situation d'équilibre de long terme, ce qui sert à isoler la relation commune de cointégration (ou la tendance commune), et de rechercher la relation réelle entre les variables. Selon le mécanisme correcteur d'erreur, tout écart par rapport à l'équilibre à une date donnée entraîne un mécanisme de rééquilibrage dans les périodes suivantes. La stratégie de test du modèle consiste d'abord à vérifier l'existence de la cointégration entre les séries, ce qui revient à voir si celles-ci sont intégrées du même ordre (tests de DICKEY-FULLER), puis à vérifier la stationnarité du résidu de l'estimation ($z_t = Y_t - \overline{\beta} X_t - \overline{\alpha}$) de la relation de long terme $Y_t = \alpha + \beta X_t + \varepsilon_t$. Lorsqu'il y a cointégration, on procède à l'estimation du modèle à correction d'erreur. Généralement, cela se fait en deux étapes. La première consiste en l'estimation par les moindres carrés ordinaires (MCO) de la relation de long terme :

$$Y_t = \alpha + \beta X_t + z_t. \qquad (23)$$

La seconde quant à elle consiste à estimer par les MCO la relation du modèle dynamique (court terme) :

$$\Delta Y_t = \alpha_1 X_t + \alpha_2 z_{t-1} + \mu_1 \qquad (24)$$

avec $\alpha_2 \geq 0$.

Toutefois, il importe de noter que dans la représentation à correction d'erreur, l'erreur d'équilibre de la période précédente est une variable explicative. En outre, le modèle combine deux types de variables : des variables en différence première (stationnaires), qui représentent les fluctuations de court terme ; et des variables en niveau, comme z_t, combinaison linéaire de variables stationnaires, qui assurent la prise en compte du long terme. S'agissant du coefficient α_2, il représente la force de rappel vers la cible de long terme. On peut voir sur la figure 3 cette cible, c'est-à-dire l'équilibre de long terme du système (droite en pointillés, d'équation Y - bt = 0), ainsi que la zone d'évolution du système en dehors de l'équilibre (dynamique de court terme). Cette dernière est définie par l'écart constaté entre Y_{t-1} et X_{t-1}.

Figure 3- Dynamique de court terme et cible de long terme du système économique

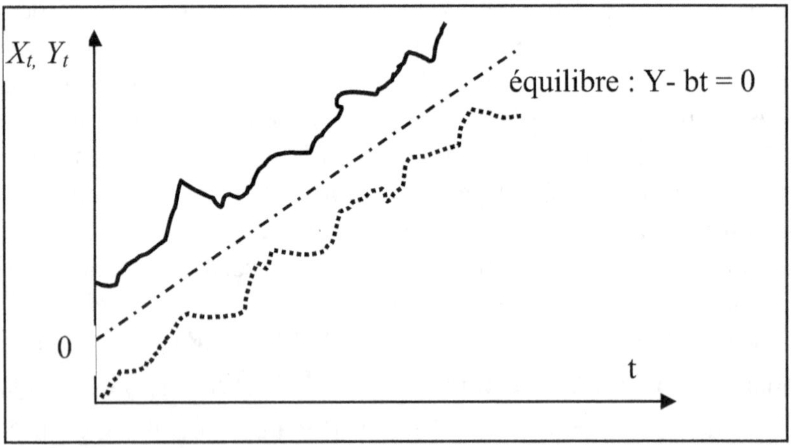

Mais pour qu'il y ait effectivement retour à l'équilibre, il faut que le coefficient α_2 soit négatif ($\alpha_2 < 0$). En effet, le mécanisme de correction d'erreur ou rattrapage, qui permet de tendre vers la relation de long terme, irait en sens contraire et s'éloignerait de la cible de long terme.

Tout ceci montre que l'on peut interpréter la relation de cointégration comme une indication de la présence d'une relation statistique de long terme, qui se comporte comme un attracteur des dynamiques de court terme des séries statistiques. Mais, la théorie de la cointégration, comme les autres techniques d'évaluation que nous avons déjà présentées, est applicable lorsque la convergence est envisagée comme une dynamique vers un équilibre de type walrasien. Nous savons que l'équilibre walrasien est celui où les points, les variables d'équilibre sont déterminées de façon endogène au système économique. Lorsque cette détermination se fait de façon exogène au système, l'usage d'autres techniques s'impose comme nous allons le voir en considérant le cas d'un attracteur théoriquement non identifié.

2- Le cas d'un attracteur théoriquement non identifié

Le point de convergence d'un système économique peut ne pas être a priori déterminé par la théorie économique. Dans ce cas, l'étude de la convergence se ramène à la dynamique des valeurs prises par des variables ou des indicateurs économiques relatives à des économies, des régions ou des secteurs d'activité, vers un point défini de façon exogène. Le point peut être arbitraire, ou bien il peut correspondre aux valeurs prises par ces mêmes variables dans d'autres pays, régions ou secteurs d'activité. C'est le cas des critères de Maastricht. L'idée de la convergence retenue dans ce cas correspond, pour chaque pays, au rapprochement des indicateurs économiques particuliers et des normes données. Celles-ci peuvent correspondre à des seuils exogènes ou à des résultats observés dans d'autres pays. L'analyse de ce type de convergence soulève de nombreuses questions, dont la plus importante est celle de savoir si les valeurs prises par les variables dans les différents pays ont effectivement tendance à se rapprocher, et donc à converger. Les techniques d'évaluation permettant de répondre à cette question s'expriment à travers la notion de *σ-convergence*. Elles peuvent également porter sur le test alternatif de la tendance au rapprochement.

a- L'analyse de la *σ-convergence*

L'analyse de la *σ-convergence* est un test de la tendance au rapprochement, qui sert à détecter la présence d'un effet de rapprochement à partir d'un indicateur de dispersion, comme la variance (Var) ou l'écart type. La réduction dans le temps de la dispersion des valeurs prises par une variable dans les différentes économies, est considérée dans ce cas comme une indication de la présence d'un mécanisme de convergence. Formellement, on parlera de la *σ-convergence* pour une variable $X_{i,t}$, du pays i, à la date t, avec $t = 1, ..., T$, si :

$$Var\, X_{i,t} > Var\, X_{i,t+T}.$$

Mais, on peut également avoir une indication visuelle simple du phénomène de convergence. Il suffit de tracer l'évolution dans le temps de la valeur prise par l'indicateur de dispersion retenu, et de vérifier l'existence d'une tendance à la réduction de cette valeur. Une illustration est donnée par les figures 4-5-6 tirées des travaux de X. X. SALA-i-MARTIN [1996][1]. Cet auteur applique le concept de *σ-convergence* à l'évaluation du degré de rapprochement des niveaux de PIB par tête d'un ensemble d'économies en croissance. A partir de là, il compare les informations apportées par ce concept et celui de *β-convergence.* Il montre alors que la *β-convergence absolue* est une condition nécessaire mais non suffisante de la *σ-convergence.*

Figures 4, 5, 6 : *σ et β-convergence*, absence de convergence et *β-convergence* sans *σ-convergence*

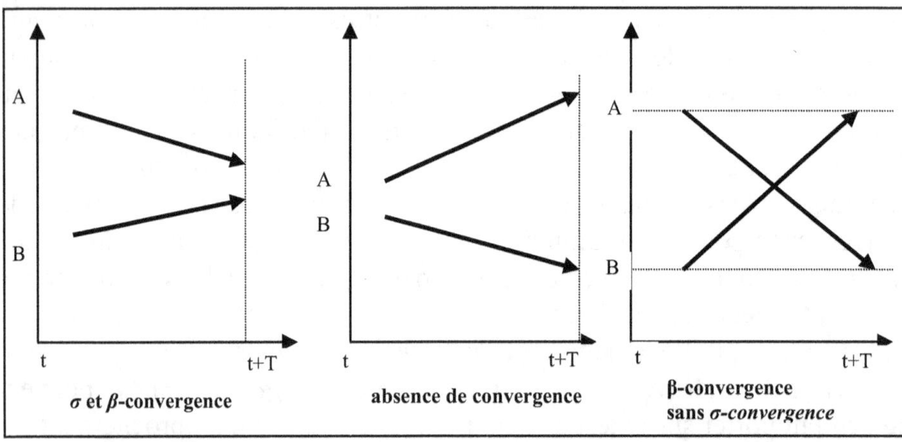

Les figures en question montrent que la *β-convergence* ne suffit pas à assurer systématiquement la *σ-convergence.* En fait, la *β-convergence* examine la présence d'un mécanisme d'ajustement des économies vers leur propre équilibre de long terme, alors que la *σ-convergence* illustre la présence d'un effet de rapprochement entre les variables.

b- Le test alternatif de la tendance au rapprochement

Une autre technique d'évaluation des effets de rapprochement progressif entre les valeurs prises par une variable économique particulière dans différents pays a été proposée par A. G. HALDANE et

[1] Cf. X. X. SALA-I-MARTIN [1996], loc. cit. pp. 1020-1021.

S. G. HALL[1], puis par S. G. HALL, D. ROBERTSON et M. WICKENS[2]. Mais, à la différence de l'analyse de la *σ-convergence,* qui permet d'évaluer le degré de rapprochement pour un ensemble quelconque de pays, cette technique ne s'applique qu'à des groupes de trois. Elle se base sur la cointégration, qui elle-même est analysée à partir du filtre de Kalman (voir figure 7), avec lequel on peut estimer des paramètres variables et donc parvenir à une mesure dynamique de la convergence[3]. L'intuition sous-jacente repose sur l'hypothèse des anticipations rationnelles postulée par FRIEDMAN. On suppose que le vrai modèle de l'économie s'écrit $Y_t = X_t A + \mu_t$, où μ_t est un bruit blanc. On admet que les agents ne connaissent pas forcément ce modèle, mais utilisent chaque information disponible au temps t pour mettre à jour leur estimateur de A. En pratique, ils estiment un modèle avec coefficients variables dans le temps. Soient $X_{i,t}$, $X_{j,t}$ et $X_{k,t}$ les valeurs prises à la date t par la variable X, respectivement dans les pays i, j, et k. La technique proposée consiste à évaluer si les valeurs prises par la variable X dans le pays i convergent vers celles prises par cette variable dans le pays j, ou bien dans le pays k, à partir d'une régression de la forme de l'équation *(25)* suivante.

$$X_{j,t} - X_{i,t} = a_{i,t} + b_{i,t} (X_{j,t} - X_{k,t}) + \mu_{i,t} \qquad \textbf{(25)}$$

Dans cette équation de mesure, $\mu_{i,t}$ est un résidu de type bruit blanc; alors que $(a_{i,t}\ ,\ b_{i,t})$ est la valeur prise à la date t par le vecteur de paramètres $(a_i\ ,\ b_i)$, $a_{i,t}$ *et* $b_{i,t}$ étant définis dans les équations de transition données par les relations *(26)*.

$$\begin{aligned} a_{i,t} &= a_{i,t-1} + \eta_{1,t} \\ b_{i,t} &= b_{i,t-1} + \eta_{2,t} \end{aligned} \qquad \textbf{(26)}$$

---

[1] Cf. A. G. HALDANE et S. G. HALL [1991], "Sterlings' Relationship with the Dollar and the Deuschmark : 1986-89", *Economic Journal*, 101, pp. 436-443.

[2] Cf. S. G. HALL, D. ROBERTSON et M. WICKENS [1992], "Measuring Convergence of the E. C. Economics", *The Manchester School*, LX Supplement, juin 92, pp. 99-111.

[3] L'intérêt d'une telle mesure a été souligné par des auteurs comme J. SGARD. Cf. J. SGARD [1997], « Symétrie des chocs en Union Européenne : une analyse dynamique », *Economie internationale*, n° 70, 2e trimestre, pp. 10-14.

La convergence des économies *i, j, k* est alors examinée à partir de la convergence des variables X_i, X_j et X_k , elle-même évaluée à partir de la valeur prise par les paramètres a_i et b_i.

Si $E\left(\lim_{t\to\infty} b_{i,t}\right)=0$ et $E\left(\lim_{t\to\infty} a_{i,t}\right)=0$, alors on dit que le pays *i* converge vers le pays *j*.

Si $E\left(\lim_{t\to\infty} b_{i,t}\right)=1$ et $E\left(\lim_{t\to\infty} a_{i,t}\right)=0$, alors le pays *i* est dit *converger* vers le pays *k*.

La manière d'analyser la convergence retenue ici renvoie à une notion de convergence en cours ou en voie de réalisation. Cette notion diffère de la convergence qui dérive de la cointégration, et qui correspond à l'analyse d'un phénomène de *convergence achevée* dès le début de la période (voir figure 7).

Figure 7 – Convergence en cours et convergence achevée

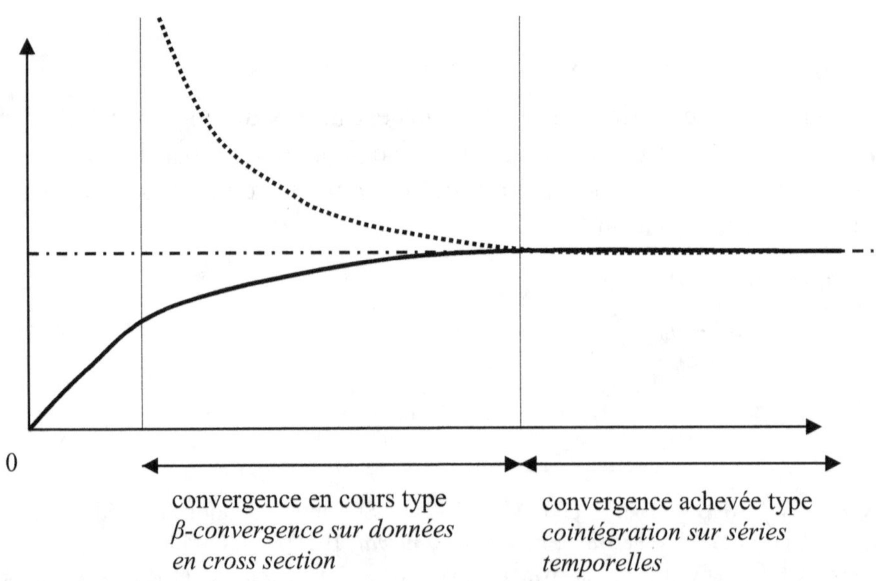

Le modèle *(25)* peut être estimé par le filtre de Kalman. Dans ce cas, il est réécrit sous forme d'un modèle état mesure, avec les équations de mesure *(27)* et de transition *(28)* suivantes :

$$Y_t = Z_t A_t + \varepsilon_t \qquad \textbf{(27)}$$

$$A_t = T_t A_{t-1} + \eta_t \qquad \textbf{(28)}$$

où : $Y_t = X_{j,t} - X_{i,t}$; $Z_t = \begin{pmatrix} 1 \\ X_{j,t} \; X_{k,t} \end{pmatrix}$; $A_t = (a_t , b_t)$ ou vecteur d'état contenant des éléments non observables; $Tt = \begin{pmatrix} 1 & 0 \\ 0 & 1 \end{pmatrix}$, et $\eta_t = \eta_{1,t} , \eta_{2,t}$.

ε_t est supposée normale, de moyenne 0 et de variance V_t. η_t est également normale, de moyenne 0 et de matrice de variance /covariance Q_t. ε_t et η_t sont supposés non corrélés, de même que A_{t-1} et ε_t . A_{t-1} est indépendant du terme d'erreur.

L'utilisation du filtre de Kalman permet alors d'estimer de façon optimale le vecteur d'état A_t et d'actualiser cette estimation avec l'utilisation de nouvelles informations. L'intuition sous-jacente est simple. On suppose une valeur initiale de A_0 et de sa matrice de variance/covariance P_0, (V_t et Q_t sont supposés connus, et Y_t est observé). Le filtre de Kalman donne une prévision optimale[1] de la variable non observée A_t (avec $t = 1, ...,T$). Si l'on admet que A_{t-1} et P_{t-1} sont connus, ainsi que V_t et Q_t, il est possible, à la date t-$_1$, de dériver la valeur de A en t et de sa matrice de variance/covariance Q, en utilisant l'information disponible en t-$_1$. Ce processus est représenté dans les équations de prédiction[2] *(29-30)* :

$$A_{t/t-1} = T_t A_{t-1}$$
$$P_{t/t-1} = T_t P_{t-1} T_t + Q_t \qquad \textbf{(29-30)}$$

De ces équations, on peut déduire une valeur pour $Y_{t/t-1}$ et la comparer à la valeur observée Y_t , soit la différence V_t entre la valeur observée et estimée, avec :

$$V_t = Y_t - Y_{t/t-1} = Y_t - Z_t A_{t/t-1} \qquad \textbf{(31)}$$

Sa matrice de covariance est donnée par l'équation *(32)* :

$$F_t = Z_t P_{t/t-1} Z_t + V_t \qquad \textbf{(32)}$$

---

1 Au sens du critère qui minimise la moyenne du carré des erreurs.

2 On trouvera des détails chez Andrew C. HARVEY [1994], *Forecasting, Structural Times Series Models and the Kalman Filter*. Cambridge University Press, chap. 3, pp. 10-167.

Lorsque de nouvelles informations arrivent au temps *t*, il est possible de mettre à jour les équations de prédiction à partir des équations *(33-34)*.

$$A_t = A_{t/t-1} - P_{t/t-1} Z_t^{'} F_t^{-1} \; Z_t Y_t - Z_t A_{t/t-1} \qquad \textbf{(33)}$$

$$P_t = P_{t/t-1} - P_{t/t-1} Z_t^{'} F_t^{-1} \; Z_t P_{t/t-1} \qquad \textbf{(34)}$$

Le filtre de Kalman avance ainsi pas à pas. Lorsque les prédictions sont mises à jour, de nouveaux estimateurs sont utilisés pour projeter les variables en $t+T$, et ainsi de suite jusqu'à la fin de la période.

Au total, la littérature empirique offre une panoplie de techniques permettant d'évaluer la convergence, et qui peuvent être regroupées en deux grandes classes, selon que l'on se situe dans le cas d'un attracteur théoriquement défini ou dans celui défini de façon exogène au système économique. Ainsi, le choix d'une technique peut se trouver facilité. Cependant ce choix n'est guère aisé, en raison de nombreux problèmes qui leur sont associés.

B- LA DEMARCHE ADOPTEE

Ces problèmes sont nombreux et conduisent à une interrogation sur la démarche retenue dans ce livre.

1- Les problèmes liés aux différentes techniques d'évaluation

Les problèmes soulevés par les techniques d'évaluation sont liés non seulement à leurs faiblesses, mais également aux variables de résultat et à l'évaluation de la convergence au niveau des structures économiques.

a- Les faiblesses respectives des techniques

Nous avons vu que le résultat théorique fourni par l'équation *(21)* sert de support aux analyses économétriques de la *β-convergence.* Cependant, l'estimation d'une telle équation à partir de séries chronologiques pour un pays donné peut poser des problèmes à la fois au niveau économique qu'à celui statistique.

Dans le premier cas, cette estimation pour un pays particulier revient à tester si le modèle de SOLOW est effectivement supporté par les données de ce pays. Elle revient également à tester si la dynamique de l'ajustement vers le sentier de croissance est correctement saisie par un schéma d'ajustement linéaire d'ordre *1*. Or malgré l'intérêt de ce type de résultat, les questions fondamentales posées par la *β-convergence* concernent plutôt l'existence éventuelle d'un processus de convergence de chaque économie ou d'un groupe d'économies vers leur propre équilibre défini par le modèle de croissance. Elles concernent aussi la valeur de la vitesse de convergence vers l'équilibre.

Dans le second cas, l'estimation de l'équation *(21)* ou d'une autre de ses variantes peut soulever des problèmes de type régression non équilibrée. En effet, la série statistique du revenu par tête $Log(y_{i,t})$, comme du stock de capital par tête, est une série non stationnaire qui augmente régulièrement dans le temps. Par contre, le taux de croissance annuel du PIB de l'économie est plus ou moins stationnaire. De même, d'autres variables intervenant indirectement dans cette équation, comme la propension à épargner, le taux de dépréciation du capital et le taux de croissance de la population, sont plus ou moins stationnaires. A cet égard la régression qui peut en résulter sera confrontée à la difficulté de la modélisation économique d'une variable stationnaire à partir de variables qui ne sont pas toutes stationnaires. Ainsi que le souligne J. D. HAMILTON[1], c'est cette absence d'homogénéité des caractéristiques de la variable expliquée et de certaines variables explicatives qui risque d'être à l'origine d'une régression non équilibrée.

En raison de tout cela, le modèle de la *β-convergence* a été estimé essentiellement en cross section sur des ensembles donnés de pays ou de zones géographiques. De nombreux travaux empiriques, comme ceux effectués par X. X. SALA-i-MARTIN, ont estimé ce modèle en coupe transversale à partir de données relatives aux pays de l'OCDE, à des groupes de pays de l'OCDE, ou bien encore aux différentes régions de l'Europe ou des Etats-Unis. Des raffinements de la méthodologie ont été introduits, par exemple en complétant les estimations en coupe transversale par des estimations en données de panel[2].

S'agissant de la cointégration, on montre que l'utilisation d'un test de cointégration ne peut être justifiée que dans le cas où la relation d'équilibre est effectivement présente dans les données. En effet, pour que ce type de test puisse servir de test de convergence et d'outil de modélisation de celle-ci, la convergence vers un attracteur doit avoir déjà

---

[1] Cf. J. D. HAMILTON [1994], *Time Series Analysis*. Princeton University Press.

[2] Voir par exemple N. ISLAM [1995], "Growth Empirics : a Panel Data Approach", *Quarterly Journal of Economics*, n° 110, pp. 1127-1170.

été réalisée dans le passé. De plus, les variables doivent graviter effectivement autour de la relation d'équilibre. En d'autres termes, les tests de cointégration ne sont utilisables que dans l'hypothèse où la convergence a déjà été achevée avant la date de début de l'échantillon. La convergence ne concerne par conséquent que la période durant laquelle le système retourne vers l'équilibre après en avoir été écarté par un choc aléatoire[1].

Pour ce qui est de l'utilisation du filtre de Kalman, il faut voir que, si cette méthode d'évaluation est relativement facile à mettre en œuvre et à interpréter, elle présente cependant deux inconvénients majeurs. En premier lieu, le choix du pays de référence est totalement arbitraire, ce qui fait dépendre fortement les résultats statistiques de ce choix. En clair, il est difficile de déterminer le pays de référence adéquat pour évaluer convenablement la convergence. En second lieu, cette méthode ne permet qu'une évaluation du degré de rapprochement de certaines variables, elle ne permet pas de spécifier un modèle macroéconomique particulier pour expliquer la convergence. Elle s'apparente donc à la *σ-convergence* et à la convergence fondée sur des critères nominaux. A ce titre, elle peut masquer les éventuels effets de convergence entre les structures économiques et les mécanismes sous-jacents à la réalité observée au niveau des variables. Comme le font remarquer certains travaux, cette technique de modélisation ne permet pas d'évaluer la convergence structurelle d'un ensemble d'économies.

b- Variables de résultat et convergence des structures économiques

A ces faiblesses des techniques elles-mêmes vient s'ajouter le problème de la portée des *variables de résultat*, qui est lié au fait que les différentes méthodes d'évaluation s'appuient sur la modélisation de

---

[1] A cet égard, la stratégie de test retenue est simple. On considére par exemple deux économies i et j, pour lesquelles on voudrait examiner la convergence à partir des valeurs prises ($X_{i,t}$ et $X_{j,t}$) à la date t par une variable X. En supposant les variables $X_{i,t}$ et $X_{j,t}$ de type I(1), un test de convergence achevé entre les deux économies revient à examiner si les deux variables sont intégrées avec un vecteur de cointégration égal à [1, -1], ou encore si la variable $\Delta X_{i,j,} = X_{i,t} - X_{j,t}$ est stationnaire. Il permet de voir que les variables ont convergé, au sens où les chocs non anticipés qui les frappent les affectent tous de la même manière. En outre, à la suite de ces chocs, les variables en question n'ont pas tendance à s'écarteler une fois les ajustements transitoires dépassés.

variables économiques pouvant être interprétées comme des variables de résultat. Il s'agit notamment du PIB par tête, pour la *β-convergence* ou la *σ-convergence*; du taux d'inflation et des ratios budgétaires, pour l'approche en termes de critères nominaux (cas du traité de Maastricht), ou encore de toute autre variable économique. Dans la mesure où ces variables peuvent être plus ou moins efficacement et rapidement manipulées à partir de politiques appropriées, elles apparaissent peu informatives pour l'évaluation du degré de convergence au niveau des structures économiques. En effet, comme le souligne C. TAVERA, «*Les valeurs prises par une variable de résultat particulière dans deux (ou plusieurs) pays différents peuvent converger entre elles non pas parce que ces variables ont une tendance autonome au rapprochement mais parce que chaque pays tente par des politiques spécifiques de faire converger la valeur prise par cette variable dans son économie vers une cible exogène ou vers la valeur prise par cette variable dans un autre pays*»[1]. La convergence des variables de résultat soulève donc un problème d'interprétation, spécialement par rapport à la convergence sous-jacente des structures économiques, la convergence observée statistiquement au niveau des variables pouvant être une convergence de surface engendrée par des stratégies de politiques économiques spécifiques. Par exemple, une convergence des taux d'inflation vers une cible de bas taux d'inflation ne peut donner que peu d'informations sur les structures inflationnistes sous-jacentes des économies (structures des marchés, niveau d'organisation syndicale, etc.), dans la mesure où elle peut être le résultat de la mise en place de politiques plus ou moins récessionnistes, plus ou moins génératrices de chômage dans le cas de structures économiques très différenciées.

Par ailleurs, si l'on suppose qu'une part des réalisations obtenues par rapport aux critères définis est probablement due à des politiques économiques spécifiques (*convergence induite*) et que l'autre est le fait de mécanismes autonomes aux structures économiques (*convergence autonome*), il convient de décomposer ces réalisations, de manière à isoler la part des réalisations engendrée par une tendance autonome. En effet, les mécanismes autonomes aux structures économiques peuvent aller dans le sens d'une convergence des performances mais rencontrer des effets opposés, d'ampleur supérieure et résultant des politiques

---

[1] C. TAVERA [1999], op. cit. p. 42.

économiques, et inversement. L'augmentation des différentiels de taux de chômage observée en Europe jusqu'en 1986 par exemple ne doit pas être interprétée comme le résultat des divergences des structures économiques, car ce phénomène pouvait être dû aux politiques restrictives observées par l'ensemble des pays pour faire converger leur taux d'inflation vers le niveau allemand. On voit finalement que ce détour méthodologique n'est pas aisé à réaliser.

2- La démarche

Afin de réduire l'incidence de ces différents problèmes sur cette étude, l'évaluation de la convergence des variables de résultat est associée simplement à l'évaluation du processus de convergence des structures économiques. A cet effet, nous combinons deux techniques d'évaluation : la *σ-convergence* et le test de convergence structurelle entre les économies. Cette méthodologie retenue s'explique par son double intérêt. D'une part, l'analyse de la convergence à partir de la *σ-convergence* rend possible l'évaluation de la convergence lorsque l'attracteur est défini de façon exogène au système économique, comme cela est le cas en zone Franc, où les pouvoirs publics ont défini des critères nominaux de convergence. D'autre part, cette analyse permet de poser immédiatement la question des mécanismes assurant ou non la convergence des variables de résultat de différentes économies. A ce titre, l'analyse de la convergence structurelle lui est complémentaire. On sait que la convergence des variables de résultat peut être occasionnée par un mécanisme d'ajustement lent vers un équilibre identique dans différentes économies, ou par un «guidage» approprié de ces variables au travers de politiques économiques spécifiques. Elle peut être due également à la présence éventuelle d'une tendance autonome de ces variables à converger entre elles. L'intégration progressive des marchés par exemple peut être de nature à favoriser la tendance au rapprochement ou la convergence des prix, des taux d'intérêt, des coûts salariaux ou encore de la fiscalité. Ceci montre que la convergence de plusieurs variables peut être induite en partie par des mécanismes structurels ou de longue période, relativement difficiles à modéliser mais qui sont à la base de la tendance au rapprochement observée de ces variables entre différentes économies.

Par ailleurs sur le plan théorique, on sait déjà que la convergence nominale n'est pas équivalente à la convergence structurelle, dans laquelle les paramètres structurels fondamentaux des économies sont homogénéisés ou proches. Si l'on se place dans le cadre de la théorie des zones monétaires optimales, qui met en avant les aspects structurels de la convergence et si l'on considère celle-ci comme une tendance vers un équilibre, alors il convient de combiner les techniques d'évaluation pour pouvoir expliquer les résultats. La mise en œuvre de cette méthodologie, qui sera elle-même précisée par la suite, permet de montrer que les performances réalisées par les pays de la zone sont décevantes.

SECTION 2
LES PERFORMANCES DES PAYS : DES RESULTATS DECEVANTS

Les résultats de la mise en œuvre des critères de convergence sont mitigés et fédèrent les analyses et les conclusions de la plupart des travaux existants sur ce sujet. Certains relativisent les performances réalisées (BAMBA N'GALADIO et DIOMANDE [2001], ARY TANIMOUNE et PLANE [2004; 2005], AVOM [2007], BEN OMAR NDYAYE [2008]), tandis que d'autres prononcent un jugement sévère sur l'état de la convergence (Rapport sur la zone franc 2006 [2006]). En premier lieu, il sera examiné l'état de la convergence au regard des critères de convergence fixés; et en second lieu, cela sera fait sous l'angle de la convergence réelle.

A- LES PAYS ET LES OBJECTIFS DE CONVERGENCE

L'évaluation de la convergence à partir des réalisations des pays par rapport aux critères de convergence est limitée essentiellement au cas de la CEMAC. Elle montre qu'il y a une grande dispersion des réalisations, qui se traduit par des divergences économiques. Il convient de relever que la mise en œuvre d'objectifs de convergence dans la CEMAC a été marquée par une révision des critères initiaux prévus dans le Traité de création de l'Union, suite à la directive CEMAC du 3 août 2001 qui fixait des critères nouveaux et harmonisés avec ceux dits *de premier rang* dans l'UEMOA[1]. Les critères initiaux étaient les suivants :

---

[1] En UEMOA, la convergence s'est initialement appuyée sur une directive de 1996 qui établit cinq indicateurs de convergence économique et budgétaire. Mais, lors de la Conférence des Chefs d'Etat et de Gouvernement, tenue le 28 janvier 1999 à Lomé, les pays membres étaient convenus de la nécessité de procéder à un renforcement de la convergence des politiques. A cet effet, ils ont adopté le 8 décembre 1999 un Acte

- taux de couverture extérieure de l'émission monétaire (rapport des disponibilités extérieures, c'est-à-dire des réserves extérieures brutes, et des engagements à vue, essentiellement constitués de la base monétaire) supérieur ou égal à 20% ;

- solde budgétaire primaire (différence entre les recettes totales, les dépenses courantes hors intérêts et les dépenses en capital financées sur ressources externes) supérieur ou égal à zéro ;

- variation nette des arriérés intérieurs et des arriérés extérieurs inférieure ou égale à zéro ;

- variation annuelle en pourcentage de la masse salariale de la fonction publique égale ou inférieure à la variation en pourcentage des recettes budgétaires.

L'harmonisation a conduit à la mise en place de critères modifiés ; ceux-ci sont :

- solde budgétaire de base sur PIB supérieur ou égal à zéro ;
- taux d'inflation annuel moyen inférieur à 3 % ;
- encours de la dette publique (intérieure et extérieure) sur PIB nominal inférieure ou égale à 70 % ;
- la non-accumulation par l'Etat d'arriérés intérieurs et extérieurs sur la gestion courante, qui s'apprécie avec un délai de paiement inférieur à 120 jours ;
- taux de couverture extérieure de l'émission monétaire supérieur ou égal à 20 % ;

La directive CEMAC a donc voulu renforcer la surveillance multilatérale, en associant les nouveaux critères arrêtés à un ensemble d'indicateurs macroéconomiques, portant notamment sur le solde budgétaire primaire, le taux de couverture extérieure de la monnaie, le

---

additionnel, *portant pacte de convergence, de stabilité, de croissance et de solidarité entre les Etats membres de l'UEMOA*. Ils ont également adopté un règlement communautaire portant mise en œuvre du Pacte de convergence. Le renforcement de la convergence a donné lieu à : *(i)* une refonte des critères de convergence qui place au centre du dispositif un critère clé, le solde budgétaire de base (en % du PIB nominal). Parallèlement, trois autres indicateurs ont été retenus pour former un ensemble de quatre critères de premier rang, auxquels s'ajoutent quatre critères de second rang. Ces derniers doivent fournir une orientation à moyen terme ; *(ii)* l'adoption de programmes de convergence, par lesquels les Etats se sont engagés à se conformer à l'ensemble de ces critères pour le 31 décembre 2008.

taux de pression fiscale, la variation comparée de la masse salariale et des recettes de l'Etat, ainsi que sur le déficit courant.

En 2005-2006, le Comité de convergence a proposé trois indicateurs complémentaires : 1° l'indice d'inflation *sous-jacente*, qui soustrait de l'indicateur d'inflation les principaux éléments volatils; 2° le solde budgétaire de base corrigé[1], qui permet de mieux apprécier la situation structurelle des finances publiques, en supprimant les effets ponctuels des variations des cours des produits ou de la production; 3° l'indicateur d'évolution de la couverture des dépenses courantes hors intérêts par les recettes fiscales non pétrolières, qui permet d'analyser la *soutenabilité* structurelle des dépenses de fonctionnement des budgets.

Bien que les critères de premier rang restent la référence pour apprécier le processus de convergence, les indicateurs *corrigés* ci-dessus sont supposés compléter et affiner le diagnostic, de manière à favoriser une meilleure appréciation des efforts de convergence structurelle fournis par les autorités.

Les changements ainsi introduits dans le dispositif n'ont cependant pas permis de parvenir à des résultats satisfaisants, du moins à cette date comme le souligne à juste titre le Rapport annuel 2006 sur la zone Franc. Le degré de respect des critères s'est considérablement dégradé. Les réalisations des pays telles qu'elles sont données à travers les tableaux 12 et 13 montrent qu'en 1997, le nombre de critères respectés dans toute la communauté a atteint un niveau relativement élevé de 18 critères sur 24 (4 x 6), soit 75 %. Mais en 2006, ce nombre a diminué jusqu'à 12 et le taux de respect des critères est ainsi descendu à 50 %.

---

[1] Dans la zone CEMAC, il correspond au solde budgétaire de base dans lequel le montant des recettes pétrolières de l'année considérée est égal à la valeur moyenne des trois dernières années. Par contre en UEMOA, il est calculé en ajoutant aux recettes totales hors dons le montant des dons budgétaires et de l'aide PPTE ayant financé les dépenses courantes et les dépenses d'investissement.

Tableau 12- Performances des pays par rapport aux critères budgétaires, monétaires et d'inflation

Pays	1993	1994	1995	1996	1997	1998	1999	2000*	2001	2002	2003	2004	2005	2006
Solde budgétaire primaire (en milliards) positif et solde budgétaire de base en % du PIB ≥0														
Cameroun	*-2,4*	*-52,5*	*152,6*	*235,3*	*281*	*303*	*215*	*389,7*	*2,4*	*3,7*	*3,9*	*2,5*	*4,3*	*5*
RCA	*-16*	*-16,4*	*-0,3*	*-5,7*	*-2,7*	*3,8*	*-2,5*	*-0,7*	*-0,8*	*-0,5*	*-3,4*	*-4*	*-4,6*	*-1,5*
Congo	*-91*	*-4,1*	*60,8*	*98,5*	*86,9*	*22,1*	*118*	*221,3*	*-0,7*	*-7,2*	*1,1*	*5*	*17,6*	*18,3*
Gabon	*32,5*	*149,8*	*325,7*	*345,4*	*296*	*139*	*221*	*653*	*4,2*	*2,6*	*7,5*	*8,1*	*9,6*	*10,1*
Guinée Eq.	*-0,3*	*3,2*	*0,6*	*-1,8*	*9,7*	*3,2*	*13,9*	*47,6*	*14,7*	*12,9*	*13*	*11,6*	*21,2*	*26,2*
Tchad	*-22*	*-26,4*	*-12,9*	*-9,8*	*-0,7*	*12,4*	*-7,4*	*-20,6*	*-2,2*	*-3,2*	*-1,7*	*1,6*	*0,2*	*3,8*
Taux d'inflation (en % ; critère : ≤ 3)														
Cameroun	*-1*	*32*	*9,1*	*3,9*	*4,8*	*3,2*	*1,9*	*1,2*	*4,5*	*2,8*	*1,2*	*2*	*2*	*2*
RCA	*-2,9*	*24,6*	*19,2*	*3,7*	*1,6*	*-1,9*	*-1,5*	*3,1*	*3,8*	*2,3*	*-1,5*			*6,7*
Congo	*4,9*	*42,4*	*9,4*	*7,5*	*16,6*	*-1,6*	*3,6*	*-0,3*	*0,4*	*3,8*	*-1,5*	*1*	*2*	*2*
Gabon	*0,5*	*36,1*	*9,6*	*1,8*	*4,1*	*2,3*	*-0,7*	*0,5*	*2,1*	*0,2*	*1,6*	*1*	*1*	*1*
Guinée Eq.	*3,9*	*38,8*	*11,7*	*6,7*	*3,1*	*7,8*	*0,6*	*4,6*	*8,8*	*7,6*	*7,6*	*7*	*6*	*6*
Tchad	*-6,9*	*43,7*	*9,3*	*11,3*	*5,6*	*4,3*	*-8*	*3,8*	*12,4*	*5,2*	*-1,5*	*2*	*3*	*3*
Taux de couverture extérieure de la monnaie, en% (avoirs extérieurs sur engagements à vue ≥ 20)														
Cameroun**	*4,6*	*3*	*2,9*	*3,3*	*3,2*	*3,4*	*5,3*	*15,2*	*38,4*	*49*	*49,5*	*56,8*	*63,2*	*71,1*
RCA	*65,2*	*111,7*	*110,1*	*107,5*	*108*	*103,1*	*101*	*98,6*	*98,3*	*98*	*95,8*	*85,6*	*80,8*	*74,6*
Congo	*7,6*	*28,3*	*29,8*	*39,7*	*28,9*	*5,4*	*24,8*	*36,5*	*32,2*	*19,6*	*21,1*	*24*	*33,7*	*42,3*
Gabon	*11,1*	*60,8*	*53,1*	*65,3*	*83,6*	*10,2*	*15,8*	*57,3*	*17*	*37,7*	*44*	*60,9*	*76,4*	*81,2*
Guinée Eq.	*26*	*16,5*	*14,2*	*16,1*	*32*	*18,1*	*25*	*59,9*	*96,7*	*99,1*	*99,5*	*99,2*	*100*	*100*
Tchad	*36,8*	*76,9*	*84,3*	*80,6*	*79,3*	*70,1*	*74,7*	*75,5*	*78,5*	*84,5*	*74,7*	*84,4*	*95,1*	*98,2*

Source : Banque des Etats de l'Afrique Centrale et *Rapport sur la zone Franc 2006*

Tableau 13- Performances des pays par rapport aux critères d'endettement public et de masse salariale

Pays	1993	1994	1995	1996	1997	1998	1999	2000*	2001	2002	2003	2004	2005	2006
	Variation nette des arriérés intérieurs (en milliards de FCFA ; critère : ≤ 0)								Taux d'endettement public (en % du PIB ; critère : ≤ 70)					
Cameroun	41	-44	-204	-191	-96	-295	-53	-81,7	63,5	65,3	59,1	54,4	48,5	20,9
RCA	35,2	5,5	13,9	-35,8	4,3	-2,8	-3,5	-7,7	93,8	99,7	107	105,9	98,7	86,1
Congo	53,2	20,3	-17,4	-18,7	12,7	15,9	26	-220	196	227,4	232,5	172,9	119,6	91,4
Gabon	5,8	-89,1	-53,6	-125	-5,9	20,4	-83	-18,6	59,6	67,8	61,4	52,2	39,4	31,1
Guinée Eq.	-1,8	-1,6	-0,2	0,3	-1,7	-10,6	-2,6	-4,7	11,9	12,2	10,4	6,1	2,7	1,9
Tchad	12,4	3,5	10,2	-9,6	-11	-3,6	-4,4	-7,3	51,3	51,1	49	36,4	28,8	28
	Variation des arriérés extérieurs (en milliards de FCFA) (≤ 0)													
Cameroun	116	-429	319	-232	256	-324	72,8	-1						
RCA	9,2	-14,1	12	13,1	16,2	-67,3	0,5	16,2						
Congo	129	-317	92,1	-225	53,8	184,2	302	230,5						
Gabon	141	-703	0	0	0	227	246	-520						
Guinée Eq.	6,3	9,1	-18,9	3,1	7,2	5,3	6,1	4,5						
Tchad	8	6,7	-11,6	-39,2	-2,6	-1,6	0	0						
	Variation de la masse salariale en % (A)								Masse salariale sur recettes budgétaires					
Cameroun	-7,2	-24,7	-6,1	-3,1	13,3	21,5	6	6,8	-0,9	1,8	4	-1,5	-0,4	0,1
RCA	-5,7	11,7	1,2	-2,7	5,3	-0,5	-0,2	-0,2	-1	0,3	-0,1	1,5	0,1	-0,2
Congo	0,9	-4	-15	-4,3	-1,4	-2,4	-1,7	5,3	0,6	0	0	0	0	0
Gabon	3,8	10,7	7,9	3,3	6,4	4,7	4,5	1,1	-0,1	0	0,2	0	0	0,2
Guinée Eq.	5,6	19,3	16,5	57,6	29,3	24,2	37,9	1,8	0	0,1	0	0	0	0
Tchad	12,1	14,3	15,9	2,2	0,2	2,2	5,8	15,5	0,5	0,2	0,3	0,1	0,1	0
	Variation des recettes budgétaires en % (B), (A) < = (B)													
Cameroun	-14	-20,1	55,1	22,7	13,8	13,8	-1,1	30,4						
RCA	-16	24,9	45,4	-35,6	35,8	24,9	6,2	1,4						
Congo	-20	57,9	13,2	43,4	15,6	-35	53,9	48,2						
Gabon	2,1	57,4	33,8	3,4	36,4	-11	-13	52,1						
Guinée Eq.	5	28,9	11,3	74,7	123	43,8	13,5	72,5						
Tchad	-9,5	26,5	40,3	32,8	14,8	22,8	-6,8	0,8						

Source : Banque des Etats de l'Afrique centrale et Rapport sur la zone franc 2006

Globalement, les scores obtenus à partir des réalisations sont faibles, avec notamment un nombre total de 196 critères respectés sur 336 (4 x 6 x 14), soit environ un taux moyen de 58 % entre 1993 et 2006. Mais les réalisations des différents pays ne sont pas identiques (voir le tableau 14), certains pays réalisent de meilleures performances, d'autres de moins bonnes. C'est ainsi que sur cette période, les pays les plus vertueux sont le Gabon (71 %), le Cameroun (66 %) et la Guinée Equatoriale (62,5 %), alors que les autres le sont moins, à savoir : le Tchad (53 %), le Congo (50 %) et la Centrafrique (46 %).

Tableau 14- Nombre de critères de convergence respectés par pays sur 4

Pays	**1993**	**1994**	**1995**	**1996**	**1997**	**1998**	**1999**	**2000**	**2001**	**2002***	**2003**	**2004**	**2005**	**2006**
Cameroun	*1*	*2*	*2*	*2*	*2*	*1*	*2*	*3*	*4*	4	4	3	4	3
RCA	*2*	*2*	*3*	*2*	*3*	*4*	*3*	*2*	*2*	1	0	1	1	0
Congo	*1*	*2*	*3*	*3*	*3*	*1*	*3*	*3*	*2*	0	2	2	2	1
Gabon	*2*	*4*	*4*	*3*	*4*	*0*	*1*	*4*	*1*	3	4	3	4	3
Guinée E.	*2*	*3*	*1*	*1*	*3*	*2*	*2*	*3*	*4*	2	3	3	3	3
Tchad	*2*	*1*	*2*	*3*	*3*	*4*	*2*	*1*	*1*	1	3	3	2	2
CEMAC en %	*42*	***58***	***63***	***58***	***75***	***50***	***54***	***67***	***58***	**46**	**67**	**63**	**67**	**50**

Source : calculs de l'auteur

En outre, à cette dispersion des degrés de respect des critères s'ajoute la dispersion des réalisations en fonction des critères. Les critères relatifs à la stabilité de la monnaie (taux de couverture extérieure de l'émission monétaire et taux d'inflation) et à l'équilibre budgétaire (solde budgétaire primaire ou solde budgétaire de base sur PIB) par exemple sont beaucoup plus respectés que les autres : 82 fois sur 84 (97,6 %) pour les premiers et 61 fois sur 84 (72,6 %) pour les seconds (tableau 15).

Tableau 15- Nombre de pays sur 6 ayant respecté le critère de convergence

Intitulés des critères de convergence	1993	1994	1995	1996	1997	1998	1999	2000	2001	2002	2003	2004	2005	2006
- Taux de couverture extérieure	*3*	*4*	*4*	*4*	*5*	*2*	*4*	*5*	*5*	6	6	6	6	6
- Solde budgétaire primaire	*2*	*3*	*5*	*4*	*5*	*5*	*5*	*5*	*5*					
- Variation des arriérés intérieurs et extérieurs	*0*	*2*	*2*	*2*	*2*	*2*	*1*	*3*	*2*					
- Variation comparée de la masse salariale et des recettes budgétaires	*6*	*5*	*4*	*3*	*6*	*3*	*3*	*5*	*2*					
- Solde budgétaire de base sur PIB										3	4	5	5	5
- Taux d'inflation annuel moyen										3	4	5	4	0
- Encours de la dette publique totale sur PIB										4	4	4	4	4
- Arriérés intérieurs et extérieurs										nd	nd	nd		

Source : calculs de l'auteur

Il importe de noter que ce classement n'est pas neutre, ces deux critères constituent comme le reflètent les textes fondateurs de la CEMAC l'essentiel des objectifs de la surveillance multilatérale des politiques économiques. En effet le renforcement de l'union monétaire[1] est très largement déterminé non seulement par l'équilibre budgétaire, mais aussi par les règles encadrant la création monétaire au profit des États. A cela s'ajoute le fait que tous les autres critères de convergence sont en rapport avec le problème de l'équilibre budgétaire, qui justifie le fait que ces deux critères occupent la première place comparés aux autres. A ce titre, ils peuvent valablement servir pour illustrer la dispersion des réalisations des Etats en fonction des critères. L'analyse de la sigma-convergence au sens de BARRO et SALA-i-MARTIN [1991] consiste à calculer $\sigma_t(c)$, la σ-convergence associée à la réalisation d'un de ces critères *c*, à l'année *t*, par les *n* pays *i*, et définie par :

$$\sigma_t(c) = \sqrt{\sum_{i=1}^{n} \frac{(c_{i,t} - \bar{c})_2}{n}},$$

[1] C'est-à-dire la pérennité de la fixité du taux de change qui caractérise la zone franc.

avec $\bar{c}$ la moyenne simple des réalisations[1]. A partir des $\sigma_t(c)$ calculés et résumés dans le tableau 16, il est procédé au test de Wilconson.

Tableau 16- Variances des réalisations par rapport aux critères de convergence

Années	σ_t (tcem)	σ_t (sbp/PIB)	σ_t(taux d'inflation)	Années	σ_t (tcem)	σ_t (sbp/PIB)	σ_t (taux d'inflation)
1987	446,075	16,717	3,500	**1997**	1342,098	12,669	24,657
1988	496,877	14,367	30,907	**1998**	1441,966	8,840	11,249
1989	953,643	7,956	14,176	**1999**	1181,079	12,536	12,699
1990	1004,105	20,203	11,005	**2000**	451,100	42,372	3,058
1991	725,394	33,030	24,166	**2001**	1040,319	38,678	16,632
1992	435,708	40,964	4,786	**2002**	948,654	26,188	5,404
1993	449,032	20,464	78,936	**2003**	803,265	30,836	10,246
1994	1407,010	15,109	72,847	**2004**	618,425	26,416	4,250
1995	1444,894	24,504	21,365	**2005**	487,458	23,323	2,556
1996	1314,274	26,073	9,573	**2006**	374,954	21,181	2,556

Source : calculs de l'auteur

Il s'agit d'un test non-paramétrique de rang unilatéral, qui permet d'affirmer qu'il y a σ-convergence entre deux années t et $t+1$, si l'on constate que σ_t (c) est supérieur à σ_{t+1} (c). Ce test est quant à lui résumé dans le tableau 17.

---

[1] On peut aussi considérer la meilleure performance des réalisations, ou encore la norme fixée dans le cadre de la surveillance multilatérale. Mais la référence qui est retenue est la moyenne annuelle des réalisations des différents pays, qui tient mieux compte du fait que les structures économiques des pays ne sont pas identiques et du caractère dit *absolu* des critères de convergence (AVOM [2007]). L'optique des réalisations moyennes met en évidence des situations polaires entre les pays, par exemple entre le Cameroun et la Centrafrique. En moyenne, ces pays réalisent respectivement des taux de couverture extérieure de l'émission monétaire de 5,11 % et de 100,58 % en fin décembre 2001. Cela est aussi observable lorsque l'on considère d'autres critères. Dans le cas du critère du solde budgétaire primaire, la Centrafrique, le Tchad et le Gabon réalisent en moyenne des soldes qui s'élèvent respectivement à -5, -10,86 et 270,21 milliards de FCFA. De même, dans le cas du critère de variation nette des arriérés intérieurs, il apparaît que la Centrafrique se situe en dehors de la norme (avec 1,13 milliard en moyenne), comparée aux autres pays. Pour ce qui est de la variation des arriérés extérieurs, on constate que le Congo et la Guinée Equatoriale se situent pareillement en dehors de la norme, avec 56,18 et 2,83 milliards de FCFA (en moyenne).

Tableau 17- Test de Wilconson

Principaux indicateurs de dispersion	Test de rang des dispersions H0 : dispersion 1987-1994 = dispersion 1995-2006 *versus* H1 : dispersion 1987-1994 > dispersion 1995-2006				
	Statistique T de Wilconson	Rejet (-) ou acceptation de Ho (+) par seuil de confiance			Interprétation
		5 %	10 %	20 %	
σ(sbb/PIB)	72	+	+	+	divergence
σ(sbp/PIB	68	+	+	+	divergence
σ(tx d'inflat.)	68	+	+	+	divergence
σ(tx cem)	68	+	+	+	divergence

Source : calculs de l'auteur; * : taux de couverture extérieure de l'émission monétaire (tcem), solde budgétaire primaire sur PIB (sbp/PIB) et taux d'inflation .

On peut y associer le graphique 7, qui retrace l'évolution de la dispersion des réalisations pour le solde budgétaire primaire ainsi que pour celui de base[1] (σ[sbp/PIB] et σ[sbb/PIB]).

Graphique 7 - Evolution de la dispersion des soldes budgétaire primaire et de base

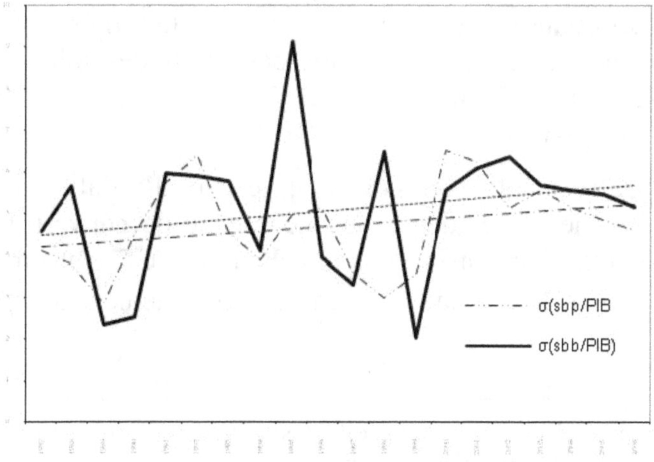

[1] Les économies de la CEMAC étant de taille différente, les réalisations sont rapportées au PIB afin de rendre significative l'évolution des écarts par rapport à la moyenne.

Il apparaît que l'indicateur $\sigma_t(c)$ ne diminue pas de façon continue dans le temps, ni en considérant le solde budgétaire primaire σ_t(sbp/PIB) ni celui de base σ_t(sbb/PIB). En tendance, les courbes relatives à ces deux indicateurs présentent plutôt une allure ascendante. Celle du solde budgétaire primaire est marquée par deux grands pics, suivis l'un et l'autre par une tendance à la réduction de l'indicateur. Ces pics correspondent à des chocs importants enregistrés par les pays et dont le premier se situe à partir de 1992, année où le laxisme des Etats dans la gestion des finances publiques s'accompagne de graves déséquilibres budgétaires (STASAVAGE [1996]). Cette année est aussi pour les pays de la zone Franc le début des contraintes liées au Traité de Maastricht, qui s'est traduit du côté de la France par un regard plus attentif sur sa politique budgétaire; ce qui explique, en relation avec les programmes d'ajustement structurel, la tendance à la convergence des soldes budgétaires observée à partir de ce moment. Mais cette tendance elle-même a été brève, car le processus a disparu à partir de 2000, notamment avec le lancement de l'Euro et ses conséquences sur les économies de la zone. Citons pour mémoire les influences monétaires diverses, agissant en lien avec la structure des échanges extérieurs des pays, ainsi que le double tandem Franc CFA-Euro et Euro-Dollar. Celles-ci se sont traduites par des effets différenciés dans le temps, et surtout par une très grande volatilité des recettes budgétaires, liée à l'hétérogénéité des structures économiques des pays et de leurs fiscalités. Ceci engendre finalement une très grande variabilité des écarts des soldes budgétaires entre pays, donc une instabilité de l'indicateur de convergence des politiques budgétaires.

Contrairement au solde budgétaire, le taux d'inflation a une courbe dont le trend met en évidence un phénomène de convergence presque continu. En raison de la dévaluation du Franc CFA et du choc de la flambée des prix[1], ce phénomène enregistre également une perturbation

[1] Le choc des prix lié à la dévaluation de 1994 s'est traduit par un niveau très élevé de la variance des écarts de niveaux d'inflation par rapport à la moyenne en raison des situations budgétaires des Etats. Selon ses statuts, la BEAC (article 18), peut consentir à chaque Etat membre des avances en compte courant à hauteur de 20% des recettes budgétaires ordinaires d'origine nationale constatées au cours de l'exercice précédent. En vertu de cette disposition, d'importants déficits budgétaires ont été financés par création monétaire et cela a affaibli la monnaie. Cette disposition demeure applicable

au cours de l'année 1994. En vérité, il est moins le fait des mécanismes de surveillance multilatérale que de l'existence de mécanismes qui encadrent la création monétaire dans la zone franc. D'une part, la tendance à la convergence des taux d'inflation (dp/p) est antérieure au choc de la dévaluation et à la mise en place de la surveillance multilatérale en 1994 (graphique 8). D'autre part, elle ne s'accompagne pas au regard du graphique 8 d'une diminution de la dispersion du taux de couverture extérieure de la monnaie (tcem). Celui-ci est selon les statuts de la BEAC, une sorte d'objectif intermédiaire de la politique monétaire, et à ce titre intervient indirectement dans la règle monétariste à travers la relation de stricte proportionnalité qui lie la base monétaire, la masse monétaire et le taux d'inflation dans l'économie[1]. A cet égard, l'évolution de sa variance ne dépend que de la conjoncture internationale et des structures économiques des pays, ainsi que de leurs fiscalités, autant d'éléments qui constituent les principaux déterminants de leurs avoirs extérieurs nets.

---

aujourd'hui, malgré les tentatives visant son remplacement par l'émission de bons et d'obligations par les Trésors nationaux.

[1] Selon la Convention de coopération monétaire du 23 novembre 1972 signé entre les États de la zone d'émission de la BEAC et la France, l'État français garantit la convertibilité de la monnaie émise par la BEAC en lui consentant un droit de tirage illimité sur un compte d'opérations ouvert auprès du Trésor français. En contrepartie, la BEAC doit y déposer une fraction de ses réserves de change. Dans ses statuts en vigueur jusqu'en 1999 et amendés en juillet 2003 (voir Rapport Zone Franc 2003), il est précisé un objectif intermédiaire de la politique monétaire. L'article 11 indique que le taux de couverture extérieure de la monnaie, défini par le rapport entre l'encours moyen des avoirs extérieurs de la BEAC et l'encours moyen de ses engagements à vue, ne peut être inférieur ou égal à 20 % au cours de trois mois consécutifs. Dans le cas contraire, ou si le compte d'opérations est débiteur pendant plus de trois mois consécutifs, les plafonds de refinancement des banques sont réduits : de 20 % dans les pays dont la situation fait apparaître une position débitrice en compte d'opérations ; de 10 % dans les pays dont la situation fait apparaître une position créditrice mais d'un montant inférieur à 15 % de la circulation fiduciaire rapportée à cette même situation.

Graphique 9 - Evolution de la dispersion du taux d'inflation et du taux de couverture extérieure de la monnaie

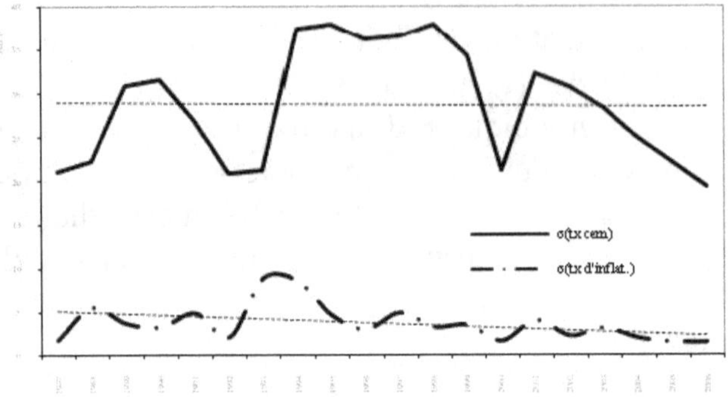

En ce qui concerne l'appréciation des réalisations de chaque pays, les graphiques 10 à 17 montrent à partir des tendances des courbes comment les économies se sont comportées dans le temps vis-à-vis des différents critères de convergence.

Le graphique 10 retrace l'évolution du taux de couverture extérieure de l'émission monétaire. Il faut rappeler que selon les dispositions prévues par les statuts des banques centrales, les Etats doivent centraliser leurs réserves de change au compte d'opérations et respecter un taux de couverture de l'émission monétaire au moins égal à 20 %. Ce graphique montre que tous les pays ont franchi ce seuil à partir de 2001, y compris des pays comme le Cameroun qui ne parvenaient pas à respecter cette norme. Avant cette date, il existait des situations polaires entre les pays, comme le cas du Cameroun et de la Centrafrique qui avaient respectivement des taux de 5,11 % et de 100,58 % en fin 2001. Cependant, le taux de couverture régional restait de loin au-dessus de 20 %, après avoir enregistré un bond en 1994 à la suite de l'ajustement monétaire. Comparé aux taux de couverture nationaux, son évolution est plus importante dans la mesure où celui-ci constitue une référence pour apprécier de la stabilité de la monnaie commune.

Graphique 10 - Evolution du taux de couverture

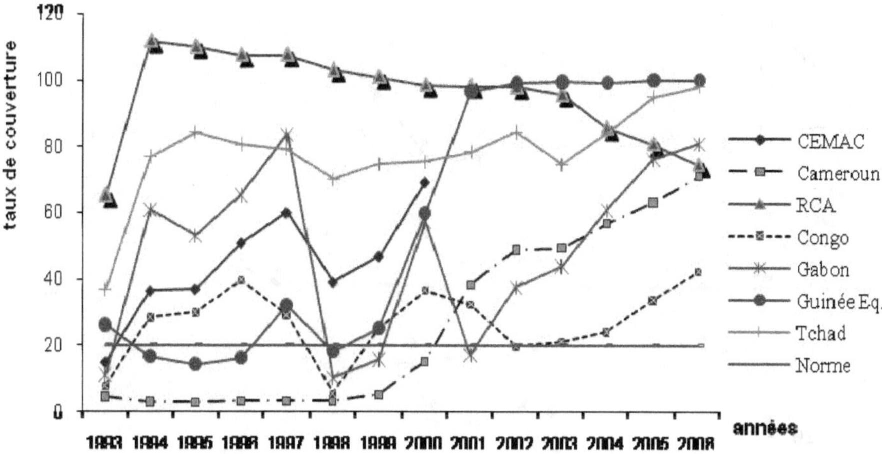

Les graphiques 11 et 12 retracent quant à eux l'évolution des soldes budgétaires. Ils montrent que depuis 1998 les soldes budgétaires primaires ont augmenté à un rythme très rapide, comme l'illustre la pente de la courbe CEMAC. En fait, le respect de la norme ne s'effectue pas au même rythme par les différents pays, ceci est mis en évidence par l'évolution des pentes des différentes courbes.

Graphique 11 - Evolution des soldes budgétaires primaires

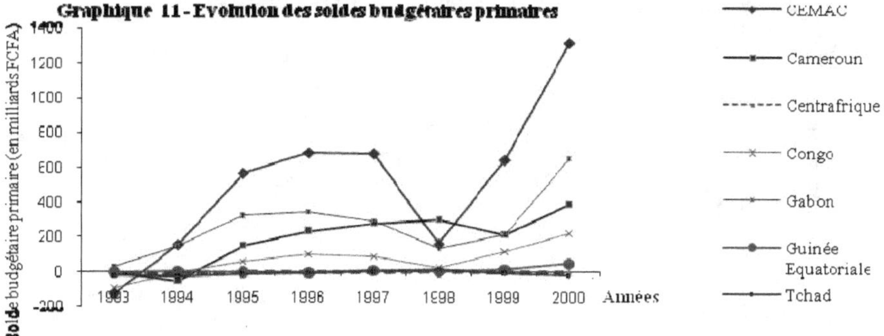

Par ailleurs le remplacement du critère relatif au solde budgétaire primaire par celui de base n'a pas eu d'effet. A partir de 2001, date à laquelle cela est intervenu, les disparités dans le respect de la norme fixée se sont en effet accrues, comme le montre le graphique 12.

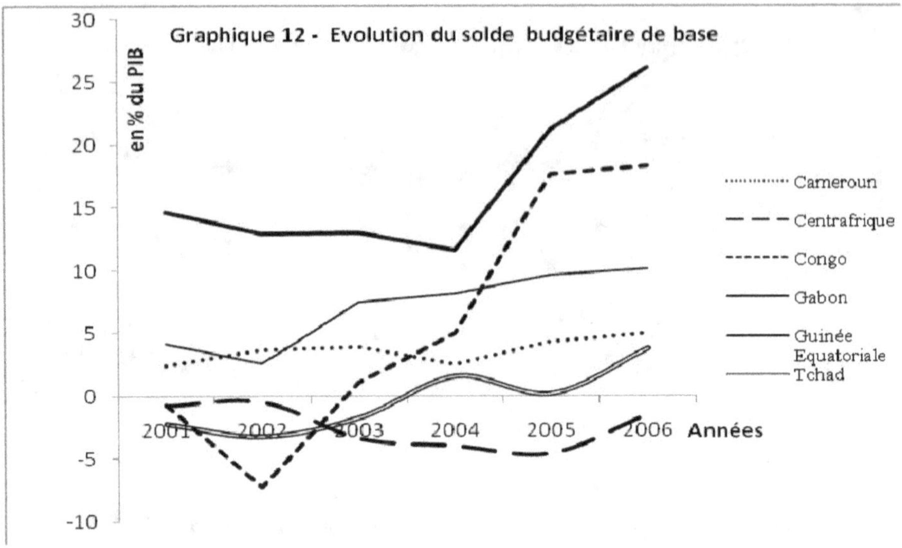

On observe également ces disparités dans la variation des arriérés extérieurs des Etats. Le graphique 13 montre aussi de ce point de vue l'existence de divergences par rapport à la norme, les cas les plus illustratifs étant ceux du Cameroun, du Congo et du Gabon. Pour ces pays, la variation s'est effectuée en dents de scie d'année en année. Toutefois, l'on peut constater qu'à partir de 1999, il y a une tendance générale de cette variation à atteindre un niveau nul ou négatif.

Graphique 13 - Evolution de la variation des arriérés extérieurs

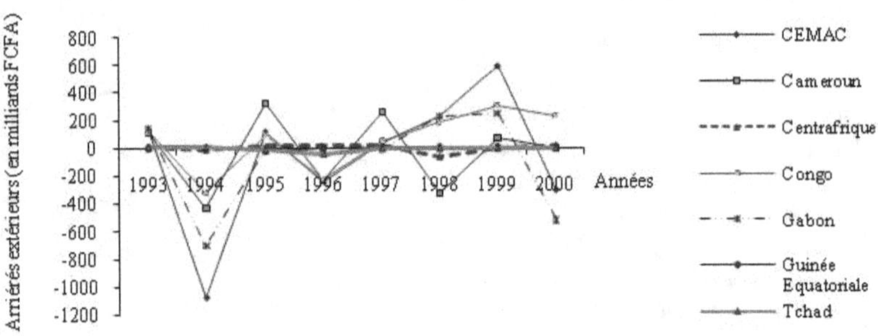

Par contre en ce qui concerne les arriérés intérieurs, des performances positives ont été enregistrées entre 1993 et 2004, avec cependant des niveaux différents en fonction des pays (graphique 14).

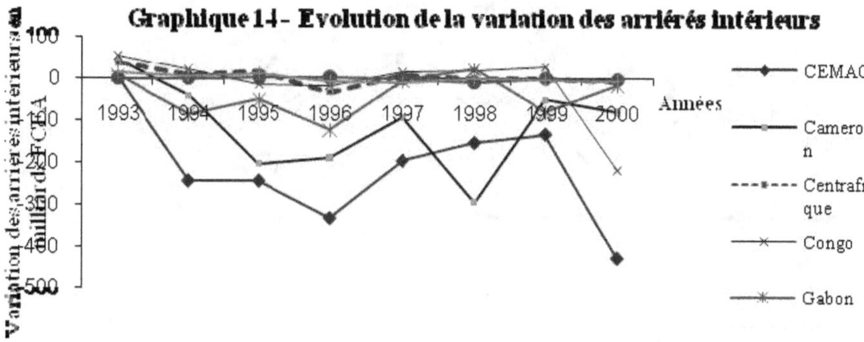

A partir de 2001, les critères portant sur les arriérés intérieur et extérieur ont été remplacés par celui relatif au taux d'endettement. Le graphique 15 montre les performances des différents pays par rapport à ce nouveau critère. On voit que celui-ci a été mieux respecté par les différents pays, sauf par le Congo et la Centrafrique (RCA).

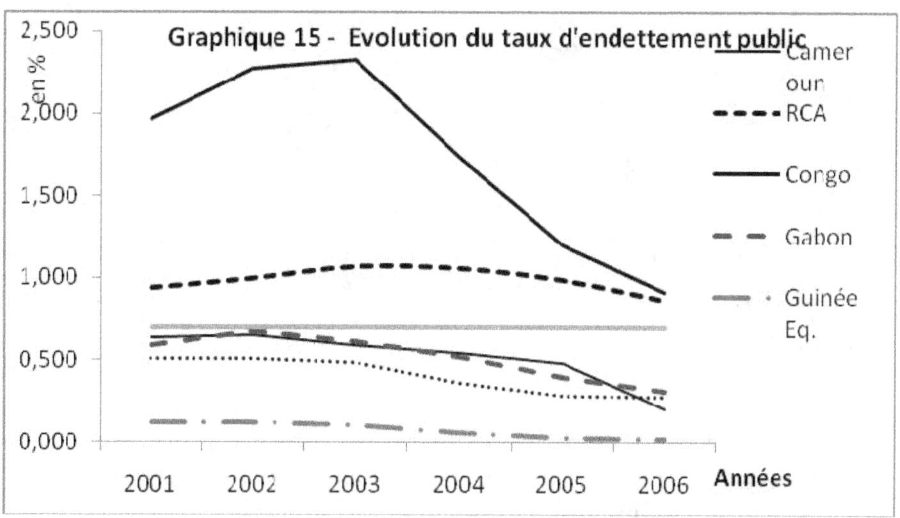

Par ailleurs, dans la plupart des pays, la croissance de la masse salariale est demeurée supérieure à celle des recettes budgétaires entre

1993 et 2001, sauf au Tchad où cette situation a été renversée à partir de 1998.

Graphique 16 - Evolution de la variation comparée masse salariale recettes budgétaires

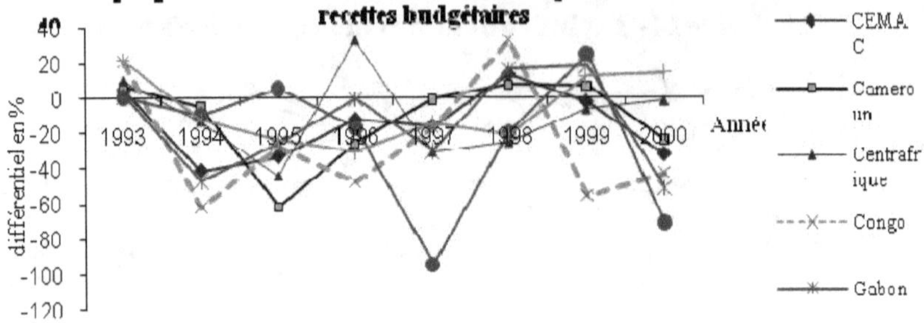

Cette norme dans sa version définie en 2001, sous la forme d'un ratio de la masse salariale sur les recettes budgétaires, n'a pas été respectée jusqu'en 2003, date à partir de laquelle tous les pays se sont mis à réaliser des performances conformes.

Graphique 17 - Evolution du ratio masse salariale sur recettes budgétaires

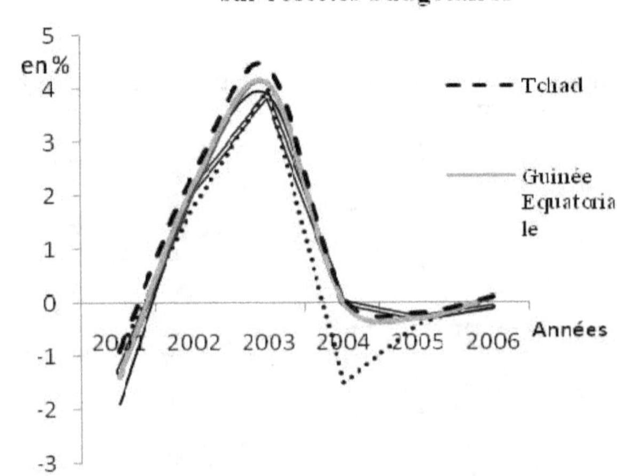

Au total, il n'est pas inexact de dire, que les résultats de la convergence des politiques économiques ne sont pas concluants, sauf si l'on considère qu'il existe une *convergence autonome* due aux mécanismes autonomes aux structures économiques et non à des politiques économiques spécifiques portant sur les critères de convergence (*convergence induite*). Mais même de ce point de vue, il n'y a pas eu de rapprochement réel entre les économies.

B- L'ABSENCE DE RAPPROCHEMENT REEL ENTRE LES ECONOMIES

L'exemple de la CEMAC montre en effet que les économies de la zone n'ont pas non plus enregistré une convergence sur le plan réel. Cela est illustré par l'analyse de la β-convergence, qui se caractérise par une relation négative entre une variable comme le taux de croissance cumulé sur une période donnée, relativement longue, et une autre variable comme le niveau initial du PIB par habitant. On sait que l'hypothèse de la β-convergence est vérifiée lorsque le taux de croissance par tête d'un pays est d'autant plus élevé que son PIB initial est faible. En utilisant à la suite SALA-i-MARTIN [1996] des estimations en données de panel, la vérification de cette l'hypothèse à partir de l'équation figurant dans le tableau 18, donne les résultats qui y sont présentés. Le premier terme de ladite équation, nous l'avons déjà vu, représente le taux de croissance annuel du PIB de l'économie *i,* entre la date *t* et *t+T*, alors que dans le deuxième membre, $Log(y_{i,t})$ est le logarithme du revenu par tête à l'instant *t*. Les données utilisées pour l'estimation des paramètres α et β portent sur la période allant de 1996 à 2006.

Tableau 18- La β-convergence absolue au sein de la CEMAC (1992-2006)

Pays	$\left(\frac{\partial PIB}{PIB}\right)_{i,t,t+T} = \alpha + \beta Log(y_{i,t}) + \varepsilon_{i,t}$.	Résultats β-convergence	Intervalle de confiance (* = 95%)
Cameroun	= -1.3607 + 0.3953 Log(y_t) (0,6374)	-	*
Congo	= -20.3101 + 3.9528 Log(y_t) (3,4948)	-	*
Gabon	= -33.7614 + 5.5630 Log(y_t) (9,9253)	-	*
Guinée Eq.	= -322.9102 + 61.5403 Log(y_t) (6,1288)	-	*
RCA	= -26.6752 + 5.2027 Log(y_t) (5,9679)	-	*
Tchad	= 4.76486 - 0.5414 Log(y_t) (-2,7728)	+	*

Source des données : BEAC

Les résultats obtenus montrent que l'hypothèse d'un rapprochement réel des économies – *β-convergence absolue* – n'est pas vérifiée, car β reste globalement supérieur à 0 (signe – de la colonne des résultats de la β-convergence).

Dans la pratique, cela est illustré par différents exemples, comme l'état d'avancement des grands chantiers communautaires tels que l'édification du marché commun, le développement des infrastructures, etc. Si l'on considère le marché commun, on note que les échanges intra-communautaires n'ont pas enregistré de progrès significatifs, même s'il est vrai que le Tarif Préférentiel Généralisé (TPG) mis en place en 1994 a atteint le taux 0 en 1998 entre les six États de la CEMAC. Les échanges à l'intérieur de l'Afrique ont représenté environ 6 % seulement du total des flux commerciaux avec l'extérieur entre 1995 et 2005; alors que les échanges commerciaux intracommunautaires ont attient à peine 3 % de la valeur totale des échanges, soit 119 milliards de FCFA (voir tableau 19).

Tableau 19- Structure géographique des échanges commerciaux (en % de la valeur des échanges)

	1995	1996	1997	1998	1999	2000	2001	2002	2003	2004	2005
Total Afrique	8,7	7,3	6,7	8,9	7,9	7,7	7,4	8,2	8,6	7,4	8,0
dont : - CEMAC	*3,2*	*3,1*	*3,2*	*4,2*	*3,5*	*3,0*	*2,4*	*3,0*	*3,5*	*2,3*	*2,3*
- UEMOA	*2,8*	*0,7*	*0,9*	*1,2*	*0,8*	*0,6*	*1,0*	*1,0*	*0,7*	*0,8*	*0,9*
- autres pays d'Afrique	*2,8*	*3,5*	*2,6*	*3,5*	*3,6*	*4,1*	*4,1*	*4,2*	*4,4*	*4,3*	*4,7*
Union européenne	69,2	61,5	64,0	60,0	53,0	43,7	44,6	36,8	39,2	35,6	31,8
Amérique du Nord	3,9	9,1	11,2	15,9	14,1	24,0	30,5	35,8	31,7	34,5	42,2
Amérique du Sud	0,3	0,6	0,4	0,4	0,4	0,5	0,5	0,4	0,7	0,5	0,7
Asie	6,7	8,9	7,1	6,6	10,2	14,2	11,8	14,0	13,6	16,8	12,3
Moyen et Proche Orient	0,3	0,4	0,1	0,6	0,6	0,2	0,3	0,3	0,2	0,2	0,2

Source : BEAC, in : Comité monétaire la zone Franc, *Rapport annuel 2006*

Au regard des résultats de la convergence des politiques économiques, qui sont dans l'ensemble décevants, il convient de s'interroger enfin sur les facteurs et mécanismes qui peuvent expliquer ces résultats. En effet, comme nous l'avons vu, la convergence des économies est un facteur déterminant de l'efficacité d'une union monétaire en général et se trouve en particulier au cœur des nouvelles stratégies institutionnelles en zone Franc. A cet effet, le dernier chapitre de l'ouvrage, intitulé : les limites de la surveillance multilatérale en zone Franc, est consacré à une analyse en amont.

Chapitre 4

LES LIMITES DE LA SURVEILLANCE MULTILATERALE EN ZONE FRANC

Le dispositif de la surveillance multilatérale en zone Franc présente de nombreuses limites, celles-ci expliquent en grande partie les performances des pays dans le respect des critères de convergence. Certaines ont un caractère technique et d'autres un caractère non-technique. Le chapitre examine donc :

- d'une part, **les limites techniques** (section 1) ;
- et d'autre part, **les limites non-techniques** (section 2).

SECTION 1
LES LIMITES TECHNIQUES

Les limites à caractère technique portent non seulement sur la pertinence même des objectifs de convergence, mais également sur la fiabilité des critères de convergence.

A- LA PERTINENCE DES OBJECTIFS DE CONVERGENCE

En fixant des critères permettant à des pairs de l'union de surveiller la convergence des politiques économiques, les pays se sont donné certes les moyens d'un *policy-mix* qui parachève *la construction de la zone et contribue à la crédibilité de la parité Franc CFA / Euro*. Pour autant, il convient de noter que cette évolution n'est pas sans soulever quelques interrogations, en raison de la nature de la zone et de l'incertitude qui pèse sur le bien-fondé des objectifs de convergence. D'une part, les échanges commerciaux entre les pays qui la composent sont de si faible ampleur[1] qu'il se pose les problèmes des conditions de sa viabilité et du sens à donner à la convergence. D'autre part, certaines études montrent que les chocs macroéconomiques qui touchent les pays ne sont guère uniformes : dans la CEMAC par exemple, le Cameroun, le Congo et le Gabon reçoivent des chocs plus ou moins symétriques, contrairement au

---

[1] Cela est également vrai dans le cas de l'UEMOA, pour lequel il est reconnu que les pays échangent peu entre eux.

Tchad, à la RCA et à la Guinée Equatoriale dont les chocs sont très spécifiques ou asymétriques[1] (EKOMIE [1999], N'GOMA [2000], ONDO OSSA [2004]). Si la zone monétaire optimale peut se définir à partir de la manifestation de chocs symétriques aux pays, ainsi que par des similitudes de comportement dans la flexibilité des prix et des coûts (KENEN [1969]), alors on peut partager l'idée selon laquelle la zone franc n'en est pas une. Elle l'est davantage moins au sens de la mobilité des facteurs ou du degré d'ouverture. En effet, elle se caractérise par des chocs asymétriques et des difficultés de régulation macroéconomique, qui portent sur la répartition entre les pays membres de la charge d'ajustement ou de stabilisation, et sur la régulation budgétaire. Ainsi, certains pays peuvent supporter des coûts d'ajustement liés simplement à leur appartenance à la zone, et de ce fait doivent mettre en œuvre des politiques appropriées et spécifiques. Dans ces conditions, se pose la question de la pertinence des critères de convergence, ce d'autant que la zone est aujourd'hui marquée par le chômage et la pauvreté, et que la politique budgétaire de l'Etat reste, comme l'affirme si bien l'OCDE [2007], *le principal levier de lutte contre la pauvreté* dans ces pays. Très élevé, le taux de chômage est d'environ 20 % au Congo et 25 % au Gabon. De plus, malgré les niveaux de croissance enregistrés depuis la dévaluation, la plupart des études s'accordent à dire que la majorité de la population vit en-dessous du seuil de pauvreté[2]. On en veut pour preuve le niveau de l'indice de développement humain, celui-ci n'a pas enregistré de progrès significatifs : 0,514 en 1990 et 0,506 en 2004 au Cameroun, contre 0,628 et 0,722 pour le Cap Vert, 0,657 et 0,76 pour la Tunisie.

Par ailleurs, la nature des mécanismes de surveillance n'est pas en cohérence avec les problèmes économiques de la zone et les engagements des gouvernements envers la communauté internationale.

---

[1] Ce sont des chocs d'offre, de demande ou des chocs monétaires qui touchent un seul pays ou un groupe de pays de la zone, ou encore l'ensemble des pays mais selon des degrés différents.

[2] L'Institut National de la Statistique du Cameroun vient de rendre publics les résultats de la troisième enquête camerounaise auprès des ménages (ECAM III). D'après cette enquête, le taux de pauvreté est resté stable autour de 40 % entre 2001 et 2007, après avoir reculé de 13 points entre 1996 et 2001, en raison des faibles performances économiques, le taux de croissance du PIB en termes réels s'étant stabilisé autour de 3 % contre un objectif de 7 %.

La logique interne de ces mécanismes est marquée en effet par la stabilisation, qui facilite la restauration des équilibres financiers et accompagne l'ajustement monétaire intervenu en 1994. Elle est également celle de l'ajustement structurel, qui agit sur les prix relatifs et les réformes sectorielles. De ce fait, ces mécanismes n'intègrent pas le Document de Stratégie de Réduction de la Pauvreté (DSRP), qui constitue aujourd'hui dans la zone une définition de l'engagement officiel du gouvernement à mener une politique claire de lutte contre la pauvreté d'ici à 2015[1], et conduit à cet effet à des arbitrages budgétaires. Or il est établi que pour faire reculer la pauvreté, il faut une croissance *pro-pauvre*, c'est-à-dire orientée vers les populations rurales, avec un taux de l'ordre 5,7 % pour certaine pays[2]. Pour cela, il conviendrait de mettre en place des politiques publiques visant entre autres objectifs le renforcement des capacités humaines (éducation et santé) et l'accès aux infrastructures économiques de base.

Plus généralement, beaucoup de faits amènent à s'interroger sur le bien-fondé de la convergence des économies, car des études empiriques ont montré que le renforcement de la convergence nominale en Europe dans les années 1980 s'est effectué au détriment du rapprochement réel des économies. On sait par exemple que les efforts très soutenus en matière de désinflation et de stabilité du change ont eu un impact négatif sur la croissance, notamment à travers la perte de compétitivité liée à l'appréciation des monnaies des pays au Sud de l'Europe, et que par la suite le Système Monétaire Européen a connu de graves crises entre 1993-1994. Dans le même ordre d'idées, on a remarqué que la convergence des pays européens entre 1950 et 1990 n'a pas pu assurer un rattrapage entre régions pauvres et régions riches d'un même pays (SALA-I-MARTIN [1996]). Selon NEVEN et GOUYETTE [1995], la moitié de l'inégalité des revenus entre les pays de l'Union Européenne correspond aux différences de revenus à l'intérieur d'un pays, ce qui amène à penser que pour les pays les plus pauvres, seules les régions les plus riches ont bénéficié du processus de convergence avec les pays riches.

A ce premier obstacle d'ordre technique s'ajoute un second, celui lié à la fiabilité des instruments d'appréciation.

---

[1] Date retenue pour la réalisation des OMD.

[2] Cas du Cameroun

B- LA FIABILITE DES CRITERES DE CONVERGENCE

De ce point de vue, deux problèmes peuvent être relevés : le caractère arbitraire des critères d'une part, leur manque de stabilité en tant qu'indicateur de mesure d'autre part.

1- L'arbitraire des critères

Plusieurs types de critiques ont été formulés à l'encontre des critères de convergence. Certains auteurs s'interrogent par exemple sur le *caractère absolu des seuils* et soulignent que les plafonds fixés pour chaque critère ont été arrêtés de manière arbitraire. Ainsi AVOM [2007] montre que dans le cas de l'inflation, la définition chiffrée de l'objectif à un taux relativement bas de 3 % peut induire des coûts en termes d'activité et d'emploi, ce qui présente un risque qui ne se justifie pas, l'inflation n'ayant jamais été selon lui une véritable menace en zone Franc, comparativement aux autres pays africains au Sud du Sahara. En raison de la politique monétaire commune, il faut dire que l'inflation y est relativement bien maîtrisée et dépend fondamentalement des chocs liés à la demande. Dans le même ordre d'idées, une étude du FMI montre qu'un taux d'inflation inférieur à 5 % dans les pays comme ceux de la CEMAC n'est pas favorable à la croissance (SANJEEV GUPTA, POWELL et YONGZHENG YANG [2005]). En ce qui concerne l'endettement public, on remarque que la limite fixée à 70 % du PIB ne constitue nullement une garantie contre les problèmes d'insolvabilité des gouvernements. Le Bénin en UEMOA par exemple est passé à maintes reprises au Club de Paris, en raison de l'accumulation des arriérés de remboursement de sa dette, alors même qu'il n'a jamais dépassé cette limite, etc.

2- Le manque de stabilité

A ce qui précède s'ajoute l'instabilité qui caractérise le solde budgétaire. En tant qu'instrument d'appréciation, celui-ci doit se caractériser par une grande stabilité, de la même manière que la monnaie en tant qu'instrument de compte a besoin d'être stable pour assurer une mesure crédible de la valeur des biens et des services. Or cela est loin d'être le cas, même s'il est vrai que des efforts louables ont été accomplis pour réviser ce critère, en remplaçant notamment le solde budgétaire primaire par le solde budgétaire de base[1]. On peut remarquer que, contrairement à l'économie de la zone UEMOA qui est relativement plus diversifiée avec un ensemble de productions agricoles d'exportation (coton, cacao et café essentiellement), de cultures vivrières (riz, mil, manioc, igname) et un secteur secondaire relativement développé (industries agro-alimentaires, industrie textile, Bâtiments et travaux publics), l'économie de la zone CEMAC dans son ensemble est fortement dépendante du pétrole. Les exportations de ce produit représentent plus des deux tiers du total des exportations. Comme le montre le tableau 20, les recettes pétrolières alimentent de façon croissante les ressources des Etats (49,13 % en 2002 et 70 % en 2006).

Tableau 20- Tableau des opérations financières des Etats de la CEMAC (extrait)

Intitulés	2002	2003	2004	2005	2006
Recettes totales (en milliards FCFA)	3536	3688,7	4246,4	6069	7933,6
Recettes pétrolières (en %)	49,13	47,46	53,58	63,58	70,04

Source : Administrations nationales, FMI et BEAC

Dans ces conditions, la balance commerciale est structurellement excédentaire selon la conjoncture sur les prix du pétrole et présente en conséquence une très grande volatilité. La forte dépendance à l'égard du pétrole a également une incidence sur la gestion budgétaire, qui se trouve fortement déterminée par l'évolution des prix du pétrole brut. Lorsque ces prix sont orientés à la hausse, les pays réalisent plus facilement des excédents budgétaires et sont parfois amenés à faire voter une loi de

[1] Ce dernier serait en effet celui qui correspond mieux à la normalisation d'une politique budgétaire soutenable. Il se définit par la différence entre les recettes totales hors dons et les dépenses totales hors investissements financés sur ressources extérieures ayant un caractère concessionnel (dons et prêts octroyés dans le cadre de l'aide publique au développement). Il n'est pas directement affecté par les variations de l'aide extérieure qui peut évoluer de manière erratique sans que cela soit lié à la politique budgétaire de l'État bénéficiaire. En outre, il intègre le versement des intérêts sur la dette publique, de sorte qu'en première approximation un solde de base nul correspond à un excédent primaire. Le solde budgétaire primaire par contre s'entend comme la différence entre les recettes totales, les dépenses courantes hors intérêts et les dépenses en capital financées sur ressources externes.

finance rectificative[1]. Dans le cas contraire, ils sont confrontés à d'importantes difficultés[2], en raison du caractère difficilement compressible et réversible des dépenses publiques. Alors que dans la zone de l'UEMOA, la balance commerciale présente un profil moins cyclique, les recettes de l'État étant plus diversifiées et moins dépendantes des variations des cours des matières premières. En d'autres termes, il y a une spécificité de l'économie de la CEMAC, qui peut se définir par la forte sensibilité des soldes budgétaires publics aux fluctuations des cours du pétrole. Cette sensibilité est d'autant plus grande que les ressources issues du pétrole dépendent du cours du dollar par rapport à l'Euro, ce dernier étant lui-même soumis à de nombreuses fluctuations alors que la parité du Franc CFA avec l'Euro est fixe. Il existe ainsi pour la CEMAC des facteurs exogènes qui peuvent créer une instabilité dans le processus de convergence, indépendamment des pratiques budgétaires des Etats. En fonction de la conjoncture et surtout de l'importance relative des ressources issues du pétrole dans le budget, la variance des écarts des réalisations des pays comparées à l'objectif de convergence défini peut avoir tendance à augmenter ou à diminuer. A vrai dire, ces facteurs à caractère technique ne jouent pas seuls, leurs effets se trouvent amplifiés par des limites qui n'ont pas un caractère technique.

SECTION 2
LES LIMITES NON-TECHNIQUES

Les limites que l'on peut qualifier de non-techniques sont liées d'une part au manque d'efficacité du dispositif de contrôle et de sanction, et d'autre part aux préférences nationales des pays membres.

---

[1] Les autorités tchadiennes par exemple ont adopté un projet de loi de finance rectificative pour l'année 2006, en raison de la hausse des prix du brut et de l'accord signé avec la Banque mondiale sur l'utilisation des ressources. Le budget rectifié fixait les dépenses de l'Etat à 641,29 milliards de francs CFA et ses recettes à 607,5 milliards, contre 539 et 510,33 milliards respectivement dans le budget initial. Dans le même ordre d'idées, le budget initial de l'Etat gabonais a été révisé à la hausse en 2005 à hauteur de 14,3 % suite à l'amélioration des recettes pétrolières, ce qui lui a permis de dégager un excédent budgétaire en hausse de 27,5 % par rapport à l'année 2004.

[2] Sauf dans le cas où des réserves suffisantes ont été constituées antérieurement en période de haute conjoncture.

A- L'INEFFICACITE DU DISPOSITIF DE CONTROLE ET DE SANCTION

Selon l'article 49 de la Convention de l'Union Economique de l'Afrique Centrale (UEAC), les Etats membres doivent s'accorder sur les grandes orientations de politique économique qu'ils s'engagent à respecter en harmonisant et en coordonnant leurs politiques sectorielles. Force est cependant de constater qu'après quinze années de surveillance multilatérale, ces règles ne sont pas toujours respectées, non seulement à cause du déficit de crédibilité et de confiance dans les règles, ou de l'inexistence de *bonnes règles*[1] en paraphrasant CREEL [2003], mais également en raison de l'inefficacité des mécanismes de contrôle et de sanction. Ces derniers prévoient que le Conseil des Ministres peut exempter un Etat du respect de tout ou partie des critères de surveillance multilatérale en cas de difficultés liées à des événements exceptionnels, mais ils ne définissent pas clairement les situations qui pourraient être qualifiées d'*exceptionnelles*[2]. Cette absence de formalisme, qui évite la rigidité d'une règle écrite assortie de sanctions automatiques, marque la préférence donnée à des négociations conduites au cas par cas, et qui impliquent ce que certaines personnes ont appelé le *marchandage politique*. Les mécanismes de contrôle demeurent en outre peu convaincants, notamment en ce qui concerne les sanctions liées à la transgression des règles. Par exemple, lorsque qu'un Etat n'a pas pu élaborer en concertation avec le Secrétariat exécutif de la CEMAC un programme d'ajustement approprié à la suite du non-respect des critères de convergence, les sanctions auxquelles il s'expose portent sur les effets de réputation. Le Conseil des Ministres publie à son encontre un simple

---

[1] Celles-ci se caractérisent, selon cet auteur, non seulement par une définition claire et simple, une transparence dans la comptabilité publique, une flexibilité pour faire face aux chocs de demande ou d'offre et une cohérence avec les autres objectifs de politique économique, mais également par un caractère suffisamment coercitif en ce qui concerne leur exécution.

[2] A cet égard, PINTO MOREIRA [1995] avance à juste titre l'idée selon laquelle il faut dépasser la référence à l'Union Européenne et préciser les évènements à caractère exceptionnel : évènements liés au climat (sécheresse, inondation, ...), fluctuations monétaires (monnaie de réserve et/ou monnaie de facturation) ou évènements politiques (guerre civile, émeutes,...). Mais cette difficulté n'est pas spécifique à la zone franc, elle a marqué également l'expérience européenne. Cependant elle a au moins fait l'objet de débats, référence peut être faite à ce sujet à BENASSY-QUERE et PENOT [2005], qui se demandent comment définir *les circonstances exceptionnelles*.

communiqué, éventuellement assorti d'informations sur sa situation économique, et annonce publiquement le retrait du soutien dont il bénéficiait éventuellement. On voit bien qu'il s'agit là de dispositions dont les effets ne peuvent pas être significatifs, car on sait qu'en matière de réputation, la communauté internationale s'appuie généralement sur les appréciations des institutions de Brettons Woods et dans une moindre mesure sur les notations effectuées par les agences de *rating*[1].

B- LES PREFERENCES NATIONALES DES ETATS

Les préférences nationales quant à elles se manifestent à travers les politiques des États membres, qui très souvent vont à contre-courant des dispositions arrêtées au niveau des instances communautaires. C'est ainsi que les pays multiplient les franchises exceptionnelles à leur guise en faveur des entreprises ou même des particuliers, en violation du tarif extérieur commun (TEC), qui définit quatre catégories tarifaires avec des taux de droit de douane bien précis (5, 10, 20 et 30%) en fonction du type de produits. Dans le même ordre d'idées, la Commission de Surveillance du Marché Financier (COSUMAF) de la Bourse des Valeurs Mobilières de l'Afrique Centrale (BVMAC), dont le siège est à Libreville au Gabon, évolue dans la CEMAC à côté de la Commission du Marché Financier (CMF) du Cameroun, qui elle-même régit les activités de la bourse nationale de ce pays – Douala Stock Exchange (DSX). Or l'union économique et l'uniformisation des politiques économiques qu'elle implique exigent une coopération très étroite entre les Etats membres comme l'a souligné COOPER [1985], coopération liée à la reconnaissance d'un objectif commun et à la recherche en commun d'objectifs communs. Cela exige de la part des Etats une politique coopérative et une volonté de ne pas mener des politiques indépendantes, non conformes à l'intérêt de tous les pays partenaires. Il faut dire que cela n'est pas une spécificité de la zone Franc. Le choix d'une politique monétaire restrictive au niveau européen au début des années 90 était essentiellement celui de la Bundesbank qui devait faire face aux fortes tensions inflationnistes résultant de la réunification allemande. Comme l'a montré FITOUSSI [1996], ce choix n'était pas judicieux du fait du mouvement *procyclique* créé lors d'une récession, alors qu'une politique *contracyclique* aurait été plus convenable.

---

[1] Il est vrai que depuis la crise financière internationale de 2007, la responsabilité de celles-ci dans l'évaluation des actifs est mise en cause.

Par ailleurs, il est difficile d'arriver à un réel rapprochement des économies s'il n'existe même pas un réseau routier bitumé reliant les différents pays[1], surtout quand on sait que 80% du transport environ aussi bien des personnes que des biens se fait par voie terrestre (Commission Économique des Nations Unies pour l'Afrique [2007]). En effet, la situation en matière d'infrastructures laisse à désirer, l'enclavement de certains Etats (Tchad et Centrafrique en particulier) et la très faible connexion des réseaux nationaux de toute sorte constituent de sérieux obstacles.

[1] La seule liaison existante dans le cas de la CEMAC est la route récemment construite entre Yaoundé et Libreville ; il faut dire que de ce point de vue, lUEMOA est en avance : beaucoup de pays sont reliés par des routes bitumées.

CONCLUSION

Au terme de cette analyse, on peut dire que la convergence des politiques économiques dans la zone Franc était devenue une nécessité, tant il est indiscutable que les crises bancaires et financières du milieu des années 1980 et la surévaluation du franc CFA prenaient leur racine dans les dérapages budgétaires ou l'absence de coordination des politiques économiques. Cette question a pris un caractère plus impératif en raison de l'éclosion des blocs commerciaux partout dans le monde et des enjeux de cette évolution pour le développement en zone Franc. Elle a été perçue comme un facteur déterminant de l'efficacité de la zone en général, et des unions économiques créées (CEMAC et UEMOA) en particulier en vue d'un meilleur ajustement à l'économie internationale.

A la lumière des débats théoriques, cette analyse montre que l'instauration des mécanismes de surveillance multilatérale prend appui sur les gains supposés liés à un régime *ricardien* et une politique monétaire de règle. Après quinze années de pratique, les pays membres ont malheureusement enregistré des performances non seulement contrastées mais également atténuées, notamment par la grande instabilité engendrée par les chocs réel et monétaire, et surtout de l'absence de rapprochement des économies sur le plan réel. En outre, on peut constater que le dispositif de surveillance multilatérale souffre de plusieurs faiblesses, liées principalement à la fiabilité des instruments d'appréciation et à l'efficacité du dispositif de contrôle et de sanction. Bien au-delà de ces limites, se pose aussi la question du caractère *contracyclique* des objectifs de convergence dans la zone, compte tenu du fait que celle-ci est asymétrique et au regard de l'ampleur du chômage, de la pauvreté et du rôle que doivent jouer les politiques budgétaires dans le cadre du DSRP.

Si des efforts ont été fournis pour réviser les indicateurs de convergence, il convient cependant de souligner que beaucoup de chemin reste encore à parcourir pour trouver les voies d'un *policy-mix* véritablement équilibré. Une dose de volonté politique est nécessaire, pour donner au moins à court terme un contenu visible à l'intégration des économies, notamment dans les domaines des infrastructures, des transports, des échanges et de circulation des personnes. A ce sujet, la question de la mise en place d'un fédéralisme budgétaire, très débattue dans le cadre de l'Union Européenne, présente pour l'UEMOA et la CEMAC tout son intérêt. Cela ne permettrait-il pas aux pays moins touchés par un choc asymétrique d'aider les autres pays membres qui le seraient davantage.

REFERENCES BIBLIOGRAPHIQUES

ABRAHAM-FROIS et BERREBI, E. [1995], *Instabilité, cycles et chaos*. Paris : Economica, 394 pages.

ABRAHAM-FROIS, G. [1991], *Dynamique économique*, 7e édition. Paris : Editions Dalloz. 553 pages.

ABRAMOVITZ, M. [1986], “Catching Up, Forging Ahead, and Falling Behind”, *Journal of Economic History*, Vol. 46, pp. 385-406.

AGHION, P. et HOWITT, P. [1992], “A Model of Growth Trough Creative Destruction”, *Econometrica*, vol. 60, n° 2, march, pp. 323-351.

ALESINA, A. et SUMMERS, L. H. [1993], “Central Bank Independence and Macroeconomic Performance”, *Journal of Money, Credit and Banking*, Vol. 25, pp. 151-162.

Anonyme [1982], «Le plan d'action de Lagos pour le développement », *Zaïre-Afrique*, janv. pp. 5-7.

AKYÜZ, Yilmaz [1994], “Libéralisation financière : mythes et réalités”, *Revue Tiers -Monde*, t. XXXV, n° 139, juillet-septembre. pp. 521-555.

ARROUS, J. [1999], *Les théories de la croissance*. Paris : Editions du Seuil. 230 p.

ARY TANIMOUNE, N. et PLANE, P. [2004], « Convergence nominale et intégration macro-économique en Union Economique et Monétaire Ouest Africaine », *Études et Documents,* Centre d'Etudes et de Recherches sur le Développement International (CERDI), Université d'Auvergne, *28* p.

ARY TANIMOUNE, N. et PLANE, P. [2005], «Performance et convergence des politiques économiques en zone franc», *Revue Française d'économie*, Vol. XX, n° 1, pp. 235-268.

AVOM, D. et EYEFFA EKOMO, S. M. L. [2007], «Quinze ans de restructuration bancaire dans la CEMAC : qu'avons-nous appris ?», *Revue d'économie Financière*, n° 189, pp.

AVOM, D. [2007], « La coordination des politiques budgétaires dans une union monétaire : l'expérience récente des pays de la CEMAC », *Revue Tiers Monde*, n° 190, pp. 1-24.

BANQUE CENTRALE DES ETATS DE L'AFRIQUE DE L'OUEST [1994], *Etudes et Recherches*, n° 443, décembre.

BANQUE DE FRANCE, Comité Monétaire de la Zone Franc [2003, 2006], *Rapport annuel sur la Zone Franc.*

BANQUE DES ETATS DE L'AFRIQUE CENTRALE, *Rapport d'activité 1998-1999.*

BANQUE DES ETATS DE L'AFRIQUE CENTRALE, *Bulletin du marché monétaire*, n° 3, septembre 1994.

BAMBA N'GALADIO, L. et DIOMANDE, K. [2001], " Y a-t-il convergence des performances macroéconomiques au sein de l'UEMOA ?", pp. 61-98, in : HAKIM BEN HAMMOUDA et MOUSTAPHA KASSE (éds), *L'avenir de la zone franc (Perspectives africaines).* Actes du symposium international sur "L'avenir de la zone franc", organisé à Dakar, les 4, 5 et 6 novembre 1998. Préface de ABDOULIE Janneh. Paris : Karthala, Collection Bibliothèque du CODESRIA. 520 p.

BARELL, R. (sous la direction de) [1992], *Economic convergence and Monetary Union in Europe*, Association for the Monetary Union of Europe, National Institute of Economic and social research, SAGE publications.

BARRO, R. J. et GORDON, D. [1983], "Rules, Discretion and Reputation in a Model of Monetary Policy", *Journal of Monetary Economics*, vol. 12, n° 1, juillet.

BARRO, R. J. et SALA-I-MARTIN, Xavier [1991], "Convergence across states and regions", *Brookings papers on economic activity*, n° 1.

BARRO et SALA-i-MARTIN [1995], *Economic Growth*, Mcgraw Hill.

BARTHE, M.-A. [2000], *Economie de l'Union européenne*. Paris : Economica. 363 pages.

BEKOLO-EBE, B. et NGANGO, G. [1989], « Crise économique et impératif d'unité en Afrique », *Présence africaine*, n° 149/150, *Hommage à Cheik Anta Diop*, pp. 51- 67.

BEKOLO-EBE, B. [1994] «La réforme de la zone franc et les perspectives d'intégration en Afrique centrale », communication au Colloque *Développement endogène, fiscalité et intégration*, organisé par l'Institut de l'Economie et des Finances et la Faculté de Droit et de Sciences Economiques de Libreville, juin pp. 51-83.

BENASSY-QUERE, A. et A. LAHRECHE-REVIL [2001], «L'élargissement de la zone euro», p. 68, in : CEPII, *L'économie mondiale 2002*. Paris : La découverte.

BENSAID, B. et GAVREL, F. [1993], «UEM et coordination des politiques budgétaires », *Economie et Prévision*, Vol. 109, pp. 47-56.

BÉNASSY-QUÉRÉ, A. et PENOT, A.[2005], « Comment définir les circonstances exceptionnelles ? », *Problèmes économiques*, n° 2868.

BEN OMAR NDIAYE, M. [2008], « Respect des critères de convergence versus harmonisation des critères de convergence : étude comparative des performances des indicateurs de convergence économique dans la zone franc en Afrique (UEMOA et CEMAC) », *Revue Africaine de l'Intégration*, vol. 1, n° 2.

BERG, E. [1993], « L'intégration économique en Afrique de l'Ouest : problèmes et stratégies », *Revue d'économie du développement*, n° 2.

BERNARD, A. B. et DURLAUF, S. N. [1996], "Interpreting Tests of the Convergence Hypothesis ", *Journal of Econometrics*, Vol. 71, pp. 161-173.

BERTHELEMY, J. C. [2006], « Clubs de convergence et équilibres multiples : comment les économies émergentes ont-elles réussi à échapper au piège du sous-développement ? », *Revue d'Economie du Développement,* n°1, pp. 5-44.

BIAO, B. [1989], *Monnaie et intégration économique (cas de l'Afrique de l'ouest).* Thèse pour le doctorat d'état en Sciences Economiques, Université de Yaoundé.

BLANCHETON, B. et SENEGAS, M. A. [2007], « La théorie budgétaire du niveau général des prix face à l'histoire monétaire française : assise empirique et éclairages théoriques », *Working paper, CHE* et Université Montesquieu-Bordeaux IV

BLOCH-LAINE, F. et *al* [1956], *La Zone Franc*, Paris : PUF. 512 p.

BOISSIEU, C. de [1985], « Contraintes externes et arriérés de paiement extérieurs dans les pays en développement », *Economies et Sociétés*, tome XIX, n° 9, septembre.

BORDES, C. ; RAYMOND, R. et STRAUSS-KAHN, M. O. [1991], « La coordination des politiques monétaires », *Revue d'économie politique* (101) (1) janv.-févr.

BOURBONNAIS, R. [1998], *Econométrie (manuel et exercices).* 2ème édition. Paris : Dunod. 307 pages.

BOURGUINAT, H. [1973], « Des moyens de l'intégration monétaire européenne », *L'Actualité Economique*, oct.-nov.

BOURGUINAT, H. [1999], *Finance internationale.* Paris : PUF.

BOUGTHON, J. M. [1992], « Le franc CFA : une zone de fragile stabilité en Afrique », *Finance et développement,* décembre. pp. 34-36.

BUHOUR, C. [1996], *Le commerce international : du Gatt à l'OMC.* Bruxelles : Le monde – Editions. 224 p.

BUITER, W. et KLEZER, K. [1991], « Reflexions on the Fiscal Implications of a Common Currency », in : GIOVANNINI et MAYER, éd., *European Financial Integration*, Londres, CEPR.

CACHEUX, J. Le [1996], *Europe : La nouvelle vague (Perspectives économiques de l'élargissement).* Paris : Presses de Sciences politiques. 373 p.

CASS, D. [1965], « Optimun growth in aggregative model of capital accumulation", *Reviews of economics studies*, 32, pp. 233-240.

CENTRE D'ETUDES PROSPECTIVES ET D'INFORMATIONS INTERNATIONALES [2001], *L'économie mondiale 2002.* Paris : La Découverte. 128.

CHEIK ANTA DIOP [1960], *Les fondements économiques et culturels d'un Etat fédéral d'Afrique noire*. Paris : Présence africaine, 1974.

COASE, R. [1937], *The Nature of the Firm*, Economica, 4, pp. 386-405.

COASE, R. [1960], "The problem of the social cost", *Journal of Law and Economics*, pp. 1-44.

COOPER, R. [1977], “Worldwide versus Regional Integration. The Optimun Size of the Integrated Area”, in : F. MACHLUP (ed.), *Economic Integration, Worldwide, Regional, Sectoral.* Londres.

COOPER, R. N. [1985], “Economic Interdependence and coordination of economic policies”, in : JONES, R. W. et KENEN, P. B. (édit.), *Handbook of International economics*, vol. 2.

COLLANGE, G. et PLANE, P. [1994], « La dévaluation des francs CFA : le cas de la Côte d'Ivoire », *Economie Internationale*, n°58. pp.3-25.

Commission Bancaire de l'Afrique Centrale – COBAC [1995], *Rapport annuel, Exercice 1993/1994.*

Commission Economique des Nations Unis pour l'Afrique, Bureau sous-régional Afrique centrale [2007], *Les économies de l'Afrique centrale 2007 (Les liens entre Croissance, Pauvreté et Inégalités).* Paris : Maisonneuve et Larose.

DEVARAJAN, Shantayanan [1996], « Désalignement des taux de change réels dans la zone CFA », *Revue d'économie du développement*, n° 3-4, pp. 41-61.

DIOUF, L. [1994], *Analyse positive des décisions de politique monétaire dans le cas des systèmes africains*, Thèse de doctorat, Université de Paris I.

DRUMETZ, F. ; ERKEL-ROUSSE, H. et JAILLARD, P., « La convergence régionale et l'UEM », *Economie et statistique*, n° 262-263 (sur l'Union économique et monétaire), INSEE, 1993-2/3.

DURLAUF, S. N. et JOHSON, P. A. [1992], “Local versus global conversion across national economies”, *Working paper,* Standford University, janvier.

EBOUE, C. [1994], « Was the Franc CFA really over-valued ? », *CERETIM URA 1240 CNRS*, Faculty of Economics, University of Rennes I. Working paper.

ELMENDORF, D. et MANKIW, G. [1998], “Government Debt”, *NBER*.

EKOMIÉ, J.-J. [1999], « La convergence au sein de la Communauté Économique et Monétaire de l'Afrique Centrale (CEMAC) », *Revue Économie & Gestion*, vol. 1, n° 2, pp. 3-30.

ENGLE, R. F. et GRANGER, C. W. J. [1987], "Cointegration and Error Correction : Representation, Estimation and Testing", *Econometrica*, 55, pp. 251-276.

ERKEL-ROUSSE [1997], « Degré de flexibilité du marché du travail, ajustement à des chocs asymétriques et Union monétaire européenne », *Economie et Prévision*, avril-juin.

EVANS, P. et KARRAS, G. [1996], « Convergence Revisited », *Journal of Monetary Economics,* Vol. 37, pp. 249-265.

FERRANDIER, R. et KOEN, V. [1994], *Marchés de capitaux et techniques financières*. Paris : Economica.

FLOC'HLAY, J. M. [1996], *La monnaie unique (pourquoi, quand ? Comment ?)*. Lagny-sur-Marne : Eudysée Editions. 80 p.

FLOUZAT, D. [1999], « Le concept de banque centrale », *Revue d'économie financière*, n° 5.

FOUDA OWOUNDI [1987], *Evolution du système financier et pratiques informelles et de prêt en Afrique Centrale*. Thèse de 3e cycle en Monnaie Finance Banque, Université Lyon II.

FOUDA OWOUNDI [1992], « Accès au crédit bancaire, développement du système informel et mobilisation de l'épargne en Afrique », *L'Actualité économique (Revue d'analyse économique)*. Vol. 68, n° 4 pp. 665-696.

FOUDA OWOUNDI [2001], « Le Franc CFA peut-il devenir une monnaie forte ? », *Mondes en développement*, tome 29, n° 113/114, pp. 151-173.

FOUDA OWOUNDI [2002], « Secteur financier et financement de l'investissement au Cameroun » in : Ministère de l'Economie et des Finances, *Etude sur les sources et stratégies de croissance pour la réduction de la pauvreté au Cameroun*, (réalisée avec l'appui du PNUD et de la Banque mondiale dans le cadre de l'élaboration du document de stratégie du gouvernement).

FOUDA OWOUNDI [2005], *Tarification Bancaire et Transition au Régime de Concurrence : une Application à la Zone Franc,* in : B. BEKOLO-EBE, TOUNA MAMA et S. M. FOUDA (éds), *Mondialisation, Exclusion et Développement : Stratégies des Acteurs Publics et Privés.* Paris : Montchrestien.

FMI [2001], *Perspectives de l'économie mondiale octobre 2001 (La révolution des technologies de l'information).* Washington : Library of Congress.

FRIEDMAN, M. [1969], "The Optimun Quantity of Money", in : *The Optimun Quantity of Money and other Essays*, Chicago, pp. 1-50.

FRY M. J. [1997], « In Favour of Financial Liberalisation », *Economic Journal,* vol. 107, May, pp. 754-770.

GERSCHENKRON, A. [1952], "Economics backwardness in Historical Perspective", in : HOSELITZ, B. F. (éd.), *The progress of Underdeveloped Areas.* Chicago : University of Chicago Press.

GIAVAZZI, F. et A. GIOVANNINI, A. [1988], « Modèle du SME : L'Europe n'est-elle qu'une zone mark », *Revue Economique*, n° 3, mai.

GLOSH, A. R. et MASSON, P. R. [1994], *Economic cooperation in an Uncertain World.* Oxford : Blackwell Publ. Ltd.

GOLDMAN SACHS [1995], "Real criteria for EMU", *UK Weekly comment issue*, n° 179, 10 février.

GRANGER, C. W. J. [1981], "Some Properties of Times Series Data and thier Use in Econometric Model Specification", *Journal of Econometrics*, pp. 121-130.

GRJEBINE, A. [1992], « Maastricht : s'est-on trompé d'Europe ? », *Les cahiers du CERI*, Fondation nationale des sciences politiques, Centre d'études et de recherches internationales, n° 3.

GRJEBINE, A. [1992], « Convergence réelle et nominale parmi les pays de la CE et de l'AELE » in : « Maastricht : s'est-on trompé d'Europe ? », *Les cahiers du CERI,* Fondation nationale des sciences politiques, Centre d'études et de recherches internationales, n° 3.

GUERRIEN, B. [2002], *Dictionnaire d'analyse économique (microéconomie, macroéconomie, théorie des jeux, etc)*. Paris : La découverte, p. 195, 574 p.

GUILLAUMONT, P. et GUILLAUMONT-JEANNENEY, S. [1984], *Zone franc et développement africain*. Paris : Economica.

GUILLAUMONT, P. et GUILLAUMONT-JEANNENEY, S. [1993], « L'intégration économique : un nouvel enjeu pour la zone franc », *Revue d'économie du développement*, n°2. pp. 82-111.

GURLEY, J. G. et SHAW, E. S. [1960], *Money in a theory of finance*. Brookings, Washington. Traduction française : *La monnaie dans une théorie des actifs financiers*. Paris : Cujas, 1973.

HALDANE, A. G. et HALL, S. G. [1991], "Sterlings' Relationship with the Dollar and the Deusch Mark : 1986-89", *Economic Journal*, 101, pp. 436-443.

HALL, S. G., ROBERTSON et WICKENS, M. [1992], "Measuring Convergence of the E. C. Economics", *The Manchester School*, LX Supplement, juin 92, pp. 99-111.

HALLWOOD, P. et McDONALD, R. [1984], *International Money, Theory, Evidence and Institution*. Basil Blackwell.

HAMADA, K. [1985], *The Political Economy of International Monetary Interdependence*, Cambridge (Mass.) : MIT Press.

HAMILTON, J. D. [1994], *Time Series Analysis*. Princeton University Press.

HARROD, R. F. [1939], "An essay in Dynamics Theory", *Economic Journal*, n° 49, mars. pp. 14-33.

HARVEY, A. C. [1994], *Forecasting, Structural Times Series Models and the Kalman Filter*. Cambridge University Press. 554 p .

HUGON, P. [1999], *La zone franc à l'heure de l'euro*. Paris : Karthala. 303 pages.

INSTITUT MONETAIRE EUROPEEN, *The state of convergence*, 25 mars 1998. On trouvera des extraits dans : *Problèmes économiques*, n° 2.573, 17 juin 1998. pp. 12-15.

ISLAM, N. [1995], “Growth Empirics : a Panel Data Approach”, *Quaterly Journal of Economics*, n° 110, pp. 1127-1170.

KENEN, P. B. [1969], « The theory of Optimum Currency Areas : *An electiv view* », in : MUNDELL R. et SWOBORA, *A Monetary Problems in International Economy*, Chicago University.

KENNETH ARROW, J. et DEBREU, G. [1954], “Existence of Equilibrium for a competitive economy”, *Econometrica*, n°22. pp. 265-290.

KEYNES, J.- M. [1936], *Théorie Générale de l'Emploi, de l'Intérêt et de la Monnaie.* Traduit de l'anglais par Jean de LARGENTAYE. Paris : Payot, 1942.

KHAVAND, Fereydoum A. [1995], *Le Nouvel ordre commercial mondial (du GATT à l'OMC).* Paris : Nathan 192 pages.

KIM NGUYEN [1996], « La convergence réelle en Europe », *Lettre de conjoncture de la BNP*, février, in : *Problèmes économiques*, n° 2.475, 5 juin 1996, pp. 7-14.

KINDLEBERGER, CH. [1986], “International Public Goods without International Government”, *American Economic Review*, n° 76.

KOOPMANS, T. C. [1964], “Maximal rate of growth”, *Quarterly Journal of Economics*, 78, pp. 355-394

KRUGMAN, P. [1991], *Geography and trade*, MIT Press.

KRUGMAN, P. et VENABLES, A. [1995], “Globalization and the inequality of nations”, *Quaterly Journal of Economics*, 110 p.

KYLAND, F. et PRESCOTT, E. [1977], “Rules Rather than Discretion : the Inconsistency of Optimal Plans”, *Journal of Political Economy*, vol. 85, n° 3.

LAFAY, G. [1996], *Comprendre la mondialisation.* Paris : Economica. 112 pages.

LARDIC, S. et MIGNON, U. [2002], *Econométrie des séries temporelles macroéconomiques et financières*, Paris : Economica.

LARRE, B. et TORRES, R. [1991], « La convergence est-elle spontanée ? Expérience comparée de l'Espagne, du Portugal et de la Grèce », *Revue économique de l'OCDE*, n° 16, printemps.

LLAU, P., in : C. JESSUA, C. LABROUSSE, D. VITRY et D. GAUMONT (sous la direction de), *Dictionnaire des Sciences Economiques*. Paris : PUF, 2001. pp. 209-210.

LECARPENTIER-MOYAL, S. et P. RENOU-MAISANT, P. [1999], «La convergence des fonctions de demande de monnaie et l'homogénéisation des besoins d'encaisses réelles », in : C. TAVERA [1999], op. cit. pp. 93-119.

LEEPER, L. [1991], "Equilibria Under Active and Passive Monetary and Fiscal Policies", *Journal of Monetary Economics*, Vol. 27, pp. 129-147.

LENOIR, A. [1997], « La situation et les perspectives d'évolution des systèmes financiers d'Afrique noire francophone », *Banque stratégie*, n° 162, Juillet-Août, pp. 11-15.

LENOIR, A. [1999], « L'Afrique : redistribution des cartes », *Revue d'économie financière*. N° 41, pp. 169-177.

Le Monde du 23 septembre 1993.

LOOVOET, B. [1996], « Le Franc guinéen : une monnaie forte ? », *Economies et sociétés,* Relations économiques internationales, série P, n° 33 (i), pp. 129-152.

LUCAS, R. [1972], "Expectations and the Neutrality of Money", *Journal of Economic Theory*, vol. 4.

LUCAS, R. E. [1988], « On the Mechanisms of Economic Development », *Journal of Monetary Economics*, July, 22 : 1. pp. 3-42.

MAZARD, J. [1953], *Histoire monétaire et numismatique des colonies et de l'union française 1670–1952*. Paris : E. Bourgey. 203 + 17 planches.

McKINNON, R. I. [1963], "Optimun currency Areas", *American Economic Review*, vol. 57, pp. 717- 725.

McKINNON, R. I. [1973], *Money and capital in economic development*. Washington, D. C. : The Brookings institution.

MILL, J. S. [1894], *Principles of Political Economy,* vol 2, New York.

MINISTERE DE LA COOPERATION [1993], *Les Etats d'Afrique, de l'Océan indien et des Caraïbes : situation économique et financière en 1992. Perspectives d'évolution.* Paris : Ministère de la coopération.

MUNDELL [1961], « A theory of optimun currency areas », *American Economic Review,* volume 51, novembre. pp. 657-665.

MUNDELL, R. A. et SWOBODA, K., *Problems of the International Economy*. Chicago : University of Chicago Press. pp. 41-60.

NASH, John [1951], "Non cooperative games", *Annals of mathematics,* n° 54. pp. 286-295.

NEVEN, D. et GOUYETTE, C. [1995], *Journal of common, market studies*, n° 33(1), mars.

N'GOMA J. M. B. [2000], « Analyse des chocs d'offre et de demande dans la zone CFA : une méthode structurelle d'autoregression vectorielle », communication au 40e congrès annuel de la société canadienne de sciences économiques, Montréal, 17 au 18 mai.

NORTH, D. [1990], *Institutions, Institutional change and Economics Performance*, Cambridge University Press. 152 p.

OCDE, Banque Africaine de développement [2007], *Perspectives économiques en Afrique*, éditions OCDE. 667 p.

ONDO OSSA, A. [2004], « Les difficultés d'ajustement en zone franc africaine, le cas des pays de la BEAC », communication à la Conférence internationale sur « La réforme de la zone franc », Abidjan, 28 au 29 octobre.

OUDIZ, G. et SACHS, J. D. [1984], "Macroeconomic Policy Coordination among the industrial economies", *Brookings Papers on Economic Activity*, n° 1, pp. 1-75.

PHILIPPE MARTIN et GIANMARCO OTTAVIANO [1996], "Growth and Agglomeration", *CEPR Discussion Paper*, n° 1529.

PHILIPPE MARTIN [1997], « Convergences et politiques régionales en Europe », *La lettre du CEPII*, juillet, in : *Problèmes économiques*, n° 2.547, 17 décembre, pp. 25-27.

PINTO E. MOREIRA [1995], «L'Union Économique et Monétaire en Afrique de l'Ouest et le Concept de Convergence : Dépasser la référence à l'Union économique et monétaire européenne», *Mondes en Développement*, n° 23, pp. 121-135.

PISANI-FERRY, J. [1994], « Union monétaire et convergence : qu'avons-nous appris ? », *Document de travail du CEPII,* n° 94-14, décembre.

PRISSERT, P. et PIQUEMAL, A. [1986], *Stratégie et économie des échanges internationaux.* 3e éd. Paris : Revue banque. 434 p.

QUAH, D. [1995], "International Patterns of Growth : II. Persistence, Path dependance, and sustained take-off in Growth Transition", *Working Paper*, London Scholl of Economics

RAINELLI, M. [2000], *Le Commerce International*, Paris : pp. 28-29 128 p.

ROGOFF, K. [1985a], "The Optimal Degree of Commitment to a Monetary Target", *Quarterly Journal of Economics*, Vol. 100, pp. 1169-1170.

ROGOFF, K. [1985b], "Can International Monetary Policy Coordination be Counter-productive ?", *Journal of International Economics*, Vol. 18, pp. 199-21.

ROMER, P. M. [1986], "Increasing returns and Long-Run Growth", *Journal of Political Economy*, october, 94 : 5. pp. 1002-1037.

ROMER, P. M. [1990], "Endogenous Technological Change", *Journal of Political Economy*, october, 98 : 5, part 2. pp. S71-S102.

SALA-i-MARTIN, X. [1990], *On Growth and States*, Ph.D. Dissertation, Havard University

SALA-i-MARTIN, X. [1996], "Regional cohesion : evidence and theories of regional growth and convergence", *European Economic Review*, vol. 40, n° 6, juin.

SAMUELSON, A. [1990], *Economie Monétaire Internationale*, 5e éd. Paris : éditions Dalloz.

SANJEEV GUPTA, POWELL, R. et YONGZHENG YANG [2005], " The Macroeconomic Challenges of Scalling Up Aid to Africa ", in : IMF, *Working Paper*, WP/05/179.

SARGENT, T. J. [1982], «Beyond Demand and Supply Curves in Macroeconmics », *American Economic Review*, Vol. 72

SCHUMPETER, J. A. [1912], *Théorie de l'Evolution Economique.* Trad. J. J. Anstett. Paris : Dalloz, 1935. 371 p.

SCITOVSKY, J. [1967], "The theory of balance of payements", *Journal of Political Economy*, vol 95.

SHAW, E. S. [1973], *Financial deepening in economic development.* New York : Oxford university Press.

SEMEDO, G. et VILLIEU, P. [1997], *La Zone Franc (mécanismes et perspectives macroéconomiques).* Paris : Ellipcy. 160 p

SERVET, J. M. [1981], *Genèse des formes et pratiques monétaires.* Thèse d'état en Sciences Economiques. Université Lyon 2, 495 p.

SGARD, J. [1997], « Symétrie des chocs en Union Européenne : une analyse dynamique », *Economie internationale*, n° 70, 2e trimestre, pp. 7-34.

SIMONS, H. C. [1963], *Economic Policy for a free Society*, Chicago Press

SOLOW R.-M. [1956], "A Contribution to the Theory of Economic Growth", *Quaterly Journal of Economics.* Fev. Traduit dans G. ABRAHAM-FROIS et al éds [1977, *Problématiques de la croissance, vol 1, néoclassiques et néokeynésiens.* Paris : Economica.

STIGLITZ, J. et WEISS, A. [1981], « Credit rationing in markets with imperfect information », *American Economic Review*, vol. 71, n° 3, juin, pp. 393-410.

STASAVAGE, D. [1996], « La Zone franc et l'équilibre budgétaire », *Revue d'économie du développement*, n° 4, pp. 145-178.

SWAN, T.-W. [1956], "Economic Growth and Capital Accumulation", *Economic Record.* Nov.

TAVERA, C. (étude coordonnée par) [1999], *La convergence des économies européennes.* Paris : Economica. 295 p.

THYGESEN, N. [1992], "Coordination of national policies", pp. 458-461, in : NEWMAN, P.; MILGATE, M. et EATWELL, J. (édit.), *The Palgrave Dictionnary of Money and Finance*, Vol. 1.

VINER, J. [1950], *Custom Union Issue*. New York : Carnegie, Endowment for International Peace.

WALRAS, L. [1874], *Eléments d'économie politique pure, ou théorie de la richesse sociale,* 1ère éd. rééd. comme *tome VIII des Œuvres complètes d'Auguste et Léon Walras*. Paris : Economica, 1988.

WASSERMAN, U. [1984], « La situation économique de l'Afrique », *Problèmes économiques,* n° 1907, janvier 1985, pp. 3-7.

WORHER, F. [1993], « Les marchés financiers africains : bilan et perspectives », *Techniques financières et développement,* n°32, septembre, pp. 13-19.

WYPLOSZ, C. [1991], « Monetary Union and Fiscal Policy Discipline », *European Economy*, Special Edition, Vol. 1, pp. 165-185.

TABLE DES MATIERES

L'HARMATTAN, ITALIA
Via Degli Artisti 15 ; 10124 Torino

L'HARMATTAN HONGRIE
Könyvesbolt ; Kossuth L. u. 14-16
1053 Budapest

L'HARMATTAN BURKINA FASO
Rue 15.167 Route du Pô Patte d'oie
12 BP 226
Ouagadougou 12
(00226) 76 59 79 86

ESPACE L'HARMATTAN KINSHASA
Faculté des Sciences Sociales,
Politiques et Administratives
BP243, KIN XI ; Université de Kinshasa

L'HARMATTAN GUINEE
Almamya Rue KA 028
En face du restaurant le cèdre
OKB agency BP 3470 Conakry
(00224) 60 20 85 08
harmattanguinee@yahoo.fr

L'HARMATTAN COTE D'IVOIRE
M. Etien N'dah Ahmon
Résidence Karl / cité des arts
Abidjan-Cocody 03 BP 1588 Abidjan 03
(00225) 05 77 87 31

L'HARMATTAN MAURITANIE
Espace El Kettab du livre francophone
N° 472 avenue Palais des Congrès
BP 316 Nouakchott
(00222) 63 25 980

L'HARMATTAN CAMEROUN
BP 11486
(00237) 458 67 00
(00237) 976 61 66
harmattancam@yahoo.fr

636441 - Janvier 2016
Achevé d'imprimer par
1livre.com
du rêve à la réalité !

www.ingramcontent.com/pod-product-compliance
Lightning Source LLC
LaVergne TN
LVHW010932061026
849535LV00007B/2362
* 9 7 8 2 2 9 6 1 0 1 3 6 4 *